십자가와 부활

JESUS
SAVES

KB200023

The Gospel Project for Kids

is published quarterly by LifeWay Christian Resources,
One LifeWay Plaza, Nashville, TN 37234, Thom S. Rainer, President.
© 2017 LifeWay Christian Resources.
Translated and used by permission of LifeWay Christian Resources.

This Korean translation edition © 2018 by Duranno Ministry,
38, Seobinggo-ro 65-gil, Yongsan-gu, Seoul, Republic of Korea.
Published by arrangement with LifeWay Christian Resources.

가스펠 프로젝트

신약 **3**

십자가와 부활

고학년 교사용

지은이 · LifeWay Kids
옮긴이 · 권혜신
감수 · 김병훈, 류호성, 김정효

초판 발행 · 2018. 10. 17
2판 1쇄 발행 · 2025. 1. 10
등록번호 · 제1988-000080호
등록된 곳 · 서울특별시 용산구 서빙고로65길 38
발행처 · 사단법인 두란노서원
영업부 · 02) 2078-3352, 3452, 3752, 3781 FAX 080-749-3705
편집부 · 02) 2078-3437
활동연구 · 김찬숙, 이경선, 이다솔, 임요한, 홍선아

책값은 뒤표지에 있습니다.
ISBN 978-89-531-4567-2 04230 / 978-89-531-4547-4 (세트)

홈페이지 · gospelproject.co.kr / 두란노몰 · mall.duranno.com

두란노서원은 바울 사도가 3차 전도 여행 때 에베소에서 성령 받은 제자들을 따로 세워 하나님의 말씀으로 양육하던 장소입니다.
사도행전 19장 8-20절의 정신에 따라 첫째 목회자를 돕는 사역과 평신도를 훈련시키는 사역,
둘째 세계선교TIM와 문서선교단행본·잡지 사역, 셋째 예수문화 및 경배와 찬양 사역, 그리고 가정·상담 사역 등을 감당하고 있습니다.
1980년 12월 22일에 창립된 두란노서원은 주님 오실 때까지 이 사역들을 계속할 것입니다.

차례

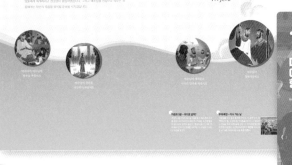

① 단원 개요 · 각 과의 목표

● '가스펠 프로젝트'(하나님의 구원 계획)의 연대기적 큰 흐름 속에서 각 단원과 각 과의 주제를 살펴봅니다.

카운트다운 단원별로 제공되는 3분 카운트다운 영상(지도자용 팩)으로, 장소를 옮기거나 시간을 구분 짓는 방법으로 활용할 수 있습니다.

무대 배경 단원별 설교의 도입(들어가기)에서 공통적으로 활용할 수 있는 무대 데코 아이디어로, 배경 이미지(지도자용 팩)를 화면에 띄워 사용할 수 있습니다.

단원 암송 단원의 핵심 메시지가 담긴 성경 구절입니다.

성경의 초점 본문과 관련된 성경의 중심 주제(핵심 교리)를 문답 형식으로 정리한 문장입니다. 단원별 성경의 초점을 익히며 성경의 흐름을 이해하게 합니다.

주제 각 과의 핵심 줄거리를 파악할 수 있습니다.

가스펠 링크 성경 이야기에 담긴 복음을 발견하게 합니다. 모든 성경 이야기는 그리스도와 연결됩니다.

본문 속으로 각 과를 준비하며 묵상할 내용과 티칭 포인트를 제시합니다. 청장년용《가스펠 프로젝트》로 교사 소그룹 모임에서 더 깊은 묵상을 나누며 성경 읽기를 병행할 것을 권유합니다. 부모 소그룹 모임은 교회와 가정을 연계해 교육 효과를 더욱 높여 줄 것입니다.

교사 지도 가이드 영상 교사들이 각 과의 내용과 아이들에게 전달해야 할 핵심을 쉽게 파악할 수 있도록 짧은 예시와 함께 개요를 소개하고 교사를 독려합니다. 홈페이지(gospelproject.co.kr)에서 무료로 활용할 수 있습니다.

말씀 묵상 ②

● 말씀을 묵상하며 어떻게 가르칠 것인가를 기도로 준비합니다.

이야기 성경 '가스펠 설교'에서 사용하는 구어체 설교입니다. 같은 내용의 영상이 지도자용 팩에 있습니다.

교사를 위한 기록장 말씀을 가르치기 전 교사가 발견한 메시지를 기록하며 말씀을 내면화하도록 돕습니다.

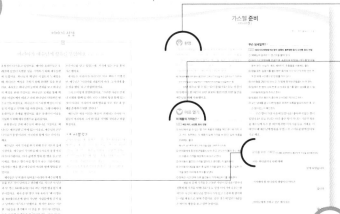

환영 아이들을 맞이하며 나눌 수 있는 대화의 소재를 제안합니다.

마음 열기 이 과의 주제와 연결된 간단한 게임 활동을 소개합니다.

③ 가스펠 준비

● 사전 활동을 살펴봅니다.

④ 가스펠 설교

● 도입 - 전개 - 가스펠 링크 - 복음 초청 - 적용에 이르는 설교 가이드입니다.

들어가기 도입 아이디어를 소개합니다.

복음 초청 복음을 전하고 영접 기도로 이끌 수 있는 초청 대화를 담았습니다. 지도자용 팩과 가스펠 프로젝트 홈페이지에서 영상을 활용할 수 있습니다.

적용 에피소드를 담은 영상과 질문이 담겨 있습니다. 설교 도입이나 적용 부분에서 활용하거나 영상을 본 뒤 소그룹에서 풍성한 대화를 이어 가는 방법도 추천합니다.

찬양 단원 주제를 담은 찬양, 악보, 율동을 지도자용 팩과 가스펠 프로젝트 홈페이지에서 만날 수 있습니다.

연대표 가스펠 프로젝트(하나님의 구원 계획)의 큰 흐름 속에서 각 과의 위치를 파악해 봅니다.

가스펠 소그룹 ⑤

● 예배 후 소그룹 모임에서 배운 내용을 되새길 수 있는 다양한 활동을 소개합니다.

보물 상자 성경의 메시지와 내 삶을 연결해 보고, 하나님과 일대일 대화를 나누듯 마음을 고백하는 마무리 활동입니다.

나침반 재미있는 게임 활동으로 단원 암송을 익히게 합니다. 부록의 단원 암송 자료와 지도자용 팩의 파일을 활용할 수 있습니다.

보물 지도 퀴즈와 게임을 통해 성경 이야기를 복습하는 활동입니다.

탐험하기 성경 이야기의 의미를 묵상하며 주제, 가스펠 링크, 성경의 초점 등을 되새기는 확장 활동입니다.

메시지 카드 각 과의 핵심 내용과 가족과 함께하는 활동을 담았습니다.

*지도자용 팩의 PC 전용 DVD-Rom에 영상, 그림, 음원, 악보, PPT 등의 자료가 있습니다.

● 2017년 3월 28일에 고시된 「외래어 표기법」 일부 개정안에 따라 외래어 뒤에 쓰인 산, 강, 왕 등의 일반 명사는 붙여 쓰는 것으로 표기하였습니다.

발간사

두란노서원을 통해 라이프웨이(LifeWay)의《가스펠 프로젝트》성경 공부 교재 시리즈를 발간할 수 있도록 인도하신 하나님께 감사드립니다. 험한 소리로 가득한 세상에 이 책을 다릿돌처럼 놓습니다. 우리 삶은 말씀을 만난 소리로 풍성해져야 합니다. 주님을 만난 기쁨의 소리, 진실 앞에서 탄식하는 소리, 죄를 씻는 울음소리, 소망을 품은 기도 소리로 가득해야 합니다.

《가스펠 프로젝트》는 신구약을 관통하는 예수 그리스도의 복음을 발견하고, 그 가르침을 삶에 적용하는 지혜를 얻도록 기획한 성경 공부 교재입니다. 어린아이부터 어른에 이르기까지 생애 주기에 따른 복음 메시지를 잘 배울 수 있습니다. 또한, 거짓 진리가 미혹하는 이 시대에 건강한 신학과 바른 교리로 말씀을 조명하여 성도의 신앙이 좌로나 우로나 치우치지 않도록 돕습니다.

두란노서원은 지금까지 "오직 성경, 복음 중심, 초교파적 관점"을 바탕으로 한국 교회와 성도를 꾸준히 섬겨 왔습니다. 오직 성경의 정신에 입각해 책과 잡지를 출판해 왔으며, 성경에 근거한 복음 중심의 신학을 포기한 적이 없습니다. 그리고 교단과 교파를 초월하여 교회와 성도가 하나님 나라를 바라볼 수 있도록 돕기 위해 노력해 왔습니다. 《가스펠 프로젝트》는 두란노가 지켜 온 세 가지 가치를 충실하게 담은 책입니다.

성경은 구원을 위한 책이며, 구원사의 주인공은 예수 그리스도입니다. 창세기부터 요한계시록까지 오직 예수 그리스도의 복음만을 전하는《가스펠 프로젝트》성경 공부 교재를 통해 복음의 은혜와 진리를 깊이 경험하고, 복음 중심의 삶이 마음 판에 새겨지기를 바랍니다. 그리고 예수 그리스도 복음에 굳게 선 한 사람의 영향력이 가정과 교회와 사회에 흘러감으로써 거룩한 하나님 나라가 확산되어 가기를 소망합니다.

두란노서원 원장 이 형 기

감수사

《가스펠 프로젝트》는 무엇보다도 전통적으로 교회가 풀어 온 흐름을 충실히 따라 성경을 해설하고 있습니다. 그리고 그 방향은 궁극적으로 예수 그리스도를 향해 나아가고 있습니다. 이것은 예수님이 구약과 신약의 모든 성경이 자신을 가리키고 있다고 하신 말씀에 비추어 매우 타당한 것입니다. 게다가 그리스도 중심적 해설을 무리하게 전개하지 않습니다. 각 본문에서 하나님의 구원 언약과 그것을 실현하시는 하나님을 드러내면서, 그리스도의 예표적 설명이 가능한 사건을 놓치지 않고 풀어내고 있습니다.

성경 공부 교재는 명시적으로 혹은 암시적으로 제시하는 교리적 진술이 교리 체계상 건전해야 합니다. 《가스펠 프로젝트》는 99개 조에 이르는 핵심 교리들을 일목요연하게 제시하여 교리의 건전성을 확인할 수 있도록 도움을 줍니다. 《가스펠 프로젝트》의 교리는 교파를 막론하고, 예수 그리스도의 복음에 충실한 복음주의 교회들에게 환영받을 만합니다. 물론 교파마다 약간의 이견을 갖는 부분들이 있을 수 있겠지만, 각 교회에서 교재를 활용하는 데에 무리가 없을 것입니다. 《가스펠 프로젝트》의 특징은 각 과에서 학습한 내용을 핵심 교리와 연결해 주며, 그 결과 그리스도의 복음에 관련한 교리적 이해를 강화시킨다는 데에 있습니다.

끝으로 《가스펠 프로젝트》는 어떤 성경 주해서나 교리 학습서가 갖지 못하는 훌륭한 장점을 가지고 있습니다. 그것은 학습자를 하나님과 그리스도의 복음 앞으로 이끌며, 자신의 신앙과 삶을 돌아보도록 하는 적용의 적실성과 훈련의 효과입니다. 아울러 본문과 관련한 교회사적으로 또 주석적으로 중요한 신학자와 목사의 어록을 제시하고, 심화 토론을 위한 질문을 달아 주고, 선교적 안목을 열어 주는 적용 질문들을 더해 준 것은 《가스펠 프로젝트》에서 얻을 수 있는 커다란 유익입니다.

추천할 만한 마땅한 성경 공부 교재를 찾기가 쉽지 않은 현실에서 《가스펠 프로젝트》는 성경을 개괄적으로 매주 한 과씩 3년의 기간 동안 일목요연하게, 그리고 그리스도 중심적으로 공부하도록 이끌어 준다는 점에서, 한국 교회의 기초를 성경 위에 놓는 일에 커다란 공헌을 할 것으로 믿어 의심치 않습니다.

김병훈 _ 합동신학대학원대학교 조직신학 교수

하나님의 말씀이 임하는 곳에는 회복의 역사가 있어서 죽은 뼈들도 힘줄이 생기고 살이 오릅니다(겔 37:8). 왜냐하면 하나님의 말씀은 그 자체에 능력이 있기 때문입니다(눅 1:37). 그분의 말씀은 살아 있고 활력이 있기에 예리하게 혼과 영과 및 관절과 골수를 찔러 쪼개기까지 하며 또 마음의 생각과 뜻을 판단할 것입니다(히 4:12). 하나님의 말씀이 왕성하게 흘러넘쳐 온 세상과 우주를 적실 때에 정의와 사랑(렘 9:24) 그리고 제자의 수가 많아지는 놀라운 부흥을(행 6:7) 경험할 것이고, 악한 세력이 모두 물러가며 새 하늘과 새 땅이 다가올 것입니다.

이를 위해 작은 등불의 역할을 할 《가스펠 프로젝트》는 다음과 같은 특징이 있습니다. 첫째는 성경 전체를 '그리스도 중심'으로 바라본 것입니다. 오실 그리스도(구약)와 오신 그리스도 그리고 앞으로 다시 오실 그리스도(신약)의 관점에서 구약성경과 신약성경을 서로 연결시켜서, 그 속에 담긴 놀라운 하나님의 구원 역사를 보게 합니다. 둘째는 같은 본문으로 교회와 가정 그리고 전 연령층에서 그리스도의 사랑을 배우게 합니다. 이는 특히 가정에서 소통할 기회를 제공하고 사랑과 정의를 실천하는 성숙한 그리스도인으로 성장하도록 이끌어 줍니다. 셋째는 신학적 주제와 기초 교리를 이해하기 쉽게 설명하며 영적 분별력을 향상시키는 데 도움을 줍니다. 넷째는 배운 것을 복음의 씨앗을 뿌리는 선교와 연결시키며 하나님이 주신 사명을 실천하도록 이끄는 것입니다. 이는 복음의 열정을 회복시켜 줍니다.

이러한 특징이 있는《가스펠 프로젝트》는 모든 교단과 교파를 초월해서, 하나님의 섬세한 구원의 손길과 그리스도의 숭고한 십자가의 사랑 그리고 거룩함으로 인도하는 성령님의 이끄심을 배울 수 있는 아주 좋은 성경 공부 교재입니다. 우리는 이를 통해 하나님의 말씀이 이 땅에 흘러넘치며, 복음의 열정을 품고 전 세계로 향하는 많은 전도자들을 세워 갈 수 있을 것입니다

류호성 _ 서울장신대학교 신약학 교수

일반적으로 교육 프로그램의 적절성은 철학적, 사회학적, 심리학적 측면에서 평가됩니다. 이 기준을 주일 학교에 적용해 본다면 신학적으로 맞는지, 교회(사회)의 필요를 잘 충족하는지 그리고 활동에는 학습자의 발달적 특성이 잘 고려되었는지를 살피며 평가가 이루어져야 할 것입니다. 이러한 측면에서 볼 때,《가스펠 프로젝트》저·고학년 신약 시리즈는 다음과 같은 특징이 있습니다.

첫째, 신학적인 측면에서 신약 학습을 성자 하나님이신 예수님께 초점을 맞추고 있다는 점 그리고 예수님이 구약 인물의 계보를 따라 오신 역사적 인물이며 약속된 메시아이심을 강조한다는 점 등이 적절하다고 볼 수 있습니다.

둘째, 교회(사회)의 필요 충족이라는 측면에서 볼 때도, 주일 학교를 담당하는 교육자들의 필요를 꼼꼼히 매우 잘 반영하고 있습니다. 어쩌면《가스펠 프로젝트》는 처음 개발할 때부터 학생보다는 교육자의 필요를 먼저 살핀 교사 친화적 교재라고 할 수 있습니다. 대부분의 세속 학교 프로그램은 학생 교재가 먼저 제작되고 교재를 어떻게 사용해야 하는지에 대한 설명을 하는 용도로 교사용 지도서가 만들어집니다. 그러나《가스펠 프로젝트》를 살펴보면 교회 교육자의 입장에서 설교, 소그룹 활동, 복음에의 초청, 가정과의 연계 활동 등 일련의 활동을 먼저 계획하고 이를 실행할 때 필요한 학생용 교재를 부차적으로 구성했다는 인상이 들 정도로 이를 선택한 교육자들의 필요를 두루 살피며 안정적으로 지원하고 있습니다.

셋째, 교육 심리학적인 측면에서《가스펠 프로젝트》는 초등학교 아동이 가지는 발달 연령기의 특성을 잘 반영하고 있습니다. 이 시기 아동에게는 오감을 사용하는 구체적인 활동이 매우 중요한데《가스펠 프로젝트》는 매우 입체적으로 인지적, 감성적, 행동적인 측면을 총동원할 수 있도록 구성되어 있습니다. 특히 성경의 내용을 지식적으로 이해하는 데에서 머무르지 않고, 아동들의 생활 반경의 경험과 연결하여 의미를 이해하도록 하고, 마지막에는 가정과의 연계 활동을 제안하여 학습의 구체화와 지속성을 더하고 있다는 점이 특징입니다.

마지막으로《가스펠 프로젝트》의 도움으로 교회에서 다음 세대에게 말씀을 전하는 교육자들의 수고가 더욱 많은 열매를 맺을 수 있기를 기대합니다.

김정효 _ 이화여자대학교 초등교육과 교수

추천사

우리를 향한 하나님의 멈추지 않는 사랑, 아들을 내어 주신 아버지 하나님의 놀라운 구원 계획에 눈뜨게 하는 교재입니다. 성경을 꿰뚫는 변함없는 메시지, 예수 그리스도를 만날 수 있는 교재입니다. 유익한 활동과 흥미로운 반복 학습을 통해 기독교 핵심 주제를 접하고, 말씀을 가까이하며, 가족과 묵상을 나누도록 이끄는 방식에 기대가 큽니다. 다양한 소재의 영상과 그림 자료는 시청각 자료가 부족한 교육 현장에 큰 활력을 불어넣어 줄 것입니다. 무미건조한 습관적 예배, 아이들과 소통하지 못해 안타까워했던 부모와 교사, 다음 세대를 걱정하는 교회 지도자들에게 이 교재를 추천합니다.

김요셉 _ 중앙기독학교 교목, 원천침례교회 목사

《가스펠 프로젝트》는 하나님의 말씀으로 우리를 초청해 예수 그리스도를 만나게 하고 사랑하게 만드는 교재입니다. 자녀들이 교회 학교에서, 부모들이 소그룹에서 말씀을 공부한 후 저녁 식탁에 둘러 앉아 예수님에 대해 함께 나눈다는 것은, 상상만 해도 너무나 멋지고 복된 일입니다.

김지철 _ 전 소망교회 담임 목사

우리 시대의 전 세계적 교회 부흥은 두 가지 샘을 갖고 있습니다. 한 샘은 오순절 부흥 운동의 샘입니다. 이 샘으로 많은 시대의 목마른 영혼들이 목마름을 해갈했습니다. 또 하나의 샘은 성경 연구의 샘입니다. 《가스펠 프로젝트》는 쉬우면서도 결코 피상적이지 않습니다. 믿음의 단계를 따라 하나님의 자녀들에게 꼭 필요한 복음의 진수를 맛보게 해 줄 것입니다. 이 교재로 이 땅에 새로운 영적 르네상스가 일어나기를 기대합니다.

이동원 _ 지구촌교회 원로 목사

성경을 공부한다는 것은 성경에 기록된 사실을 배우는 것이 아니라 성경이 가르치는 교리를 배우는 것입니다. 왜냐하면 성경은 독자에게 어떤 새로운 정보를 주기 위해 인간이 쓴 책이 아니라 죄인인 인간에게 구원을 주기 위해 하나님이 쓰신 말씀이기 때문입니다. 이번에 출간된《가스펠 프로젝트》는 이와 같은 역할을 탁월하게 수행하고 있기 때문에 기쁜 마음으로 추천합니다.

이성호 _ 고려신학대학원 역사신학 교수

《가스펠 프로젝트》는 성경이 어떻게 그리스도와 연결되어 있는지, 또 성도의 삶이 하나님의 구원 계획에 어떻게 연결되어야 하는지를 구체적으로 제시합니다. 또한 전 세대를 연결하고, 가정과 교회를 하나 되게 합니다. 신앙의 전수가 중요한 시대에 성도와 교회와 가정이 한마음으로 다음 세대를 준비시키기에 적합합니다.

이재훈 _ 온누리교회 담임 목사

《가스펠 프로젝트》는 이 시대를 살아가는 모든 그리스도인에게 꼭 필요한 성경의 핵심 내용을 쉽고 흥미롭게 펼쳐 내면서 성경을 알아 가는 기쁨을 주고 구체적인 적용을 돕는 교재입니다. 가장 뛰어난 점은, 성경의 중심이 되시는 예수님을 충실하게 드러낸다는 점입니다.《가스펠 프로젝트》를 성실하게 따라가면 예수님을 통해 완성하시는 하나님의 구원 역사 프로젝트가 드러날 것입니다. 이 시리즈를 통해 체계적인 '가정 제자 훈련'과 '성경 공부'를 정착시키는 가운데 한국 교회와 이민 교회에 거룩한 부흥의 불길이 일어나길 기대합니다.

류응렬 _ 와싱톤중앙장로교회 담임 목사, 고든콘웰신학대학원 객원 교수

1^{단원} 순종하신 예수님

사람들이 예수님께 등을 돌리기 시작했고 예수님은 예루살렘을 향해 길을 떠나셨습니다. 예수님은 그곳에서 체포되어 십자가에 못 박힐 것을 알고 계셨습니다. 예수님은 사람들에게 회개하라고 끊임없이 말씀하셨습니다. 그리고 예수님을 진심으로 따르는 자들에게는 자신의 죽음을 맞이할 준비를 시키셨습니다.

마리아가 예수님께
향유를 부었어요

예수님이 성전을
깨끗하게 하셨어요

The Gospel Project

예수님이 제자들과
마지막 만찬을 하셨어요

예수님이
잡혀가셨어요

🔵 카운트다운 – 어디로 갈까?

카운트다운 영상(지도자용 팩)을 틀고 예배 준비 자세를 취하도록 격려한다. 예배가 시작되는 시간에 영상이 끝나도록 맞추어 놓는다. 영상이 끝나기 30초 전에 예배 인도자는 정해진 위치에 서서 조용히 기도하는 모범을 보인다.

🔵 무대 배경 – 이사 가는 날

이삿짐을 싸고 있는 방처럼 꾸민다. 빈 종이 상자, 접착테이프 롤, 포장지 등 이삿짐을 꾸리는 데 필요한 도구들을 탁자 위에 올려 둔다. 각 과가 진행될수록 포장한 이삿짐이 더 많아지게 한다. 화면에 '이사 가는 날' 배경 이미지(지도자용 팩)를 띄운다.

1

마리아가 예수님께 향유를 부었어요

마 26:6~13; 요 12:1~8

단원 암송

주의 성령이 내게 임하셨으니 이는 가난한 자에게 복음을 전하게 하시려고 내게 기름을 부으시고 나를 보내사 포로 된 자에게 자유를, 눈먼 자에게 다시 보게 함을 전파하며 눌린 자를 자유롭게 하고(눅 4:18).

성경의 초점

그리스도인은 왜 성찬에 참여하나요?
예수님의 삶과 죽음을 기억하고,
예수님이 다시 오실 때까지
예수님을 선포하기 위해서예요.

예수님이 이 땅에 오신 지 30년이 지났습니다. 성인이 되신 예수님은 사역을 시작하셨습니다. 사람들은 예수님이 메시아일지도 모른다고 생각했습니다. 죄가 아담을 통해 세상에 들어온 이래로 하나님은 사람들을 구원할 계획을 차근차근 실행해 나가셨습니다. 그리고 마침내 하나님의 때가 되었을 때 하나뿐인 아들을 세상에 보내셨습니다.

세례 요한은 "보라 세상 죄를 지고 가는 하나님의 어린 양이로다"(요 1:29)라는 말로 예수님이 이 땅에 오신 목적을 선언했습니다. 예수님은 자신을 따를 제자들을 부르셨고, 3년 동안 사람들에게 하나님에 대해 가르치고 복음을 선포하셨습니다.

사람들은 예수님이 메시아일지도 모른다고 말하기 시작했습니다. 만약 예수님이 '기름 부음 받은 자', 즉 하나님이 약속하신 구원자라면 언제 로마 정부에 대항해 일어날 것인지 궁금했습니다. 예수님의 사역이 끝나갈 무렵이 되자 예수님은 예루살렘을 향해 올라가셨습니다. 하지만 정부를 무너뜨리기 위해서가 아니었습니다. 죽기 위해 가신 것이었습니다.

예수님이 베다니에 있는 시몬의 집에서 저녁 식사를 하고 계실 때, 나사로의 동생 마리아가 다가와 예수님께 향유를 부었습니다. 이것을 본 제자들은 화를 냈습니다. 향유를 팔아 가난한 자들을 돕는 데 쓰는 것이 낫겠다고 생각했기 때문입니다. 하지만 예수님은 마리아의 행동이 옳다고 말씀하셨습니다. 그 행동은 향유를 낭비하는 것이 아니라 예배였습니다. 예수님은 기름 부음을 받을 자격이 있는 분이기 때문에 마리아가 기름 붓는 것을 허락하신 것입니다. 예수님은 이 세상 무엇보다 가치 있는 분이십니다.

●●● 티칭 포인트

아이들이 큰 그림을 볼 수 있도록 도와주십시오. 예수님의 죽음으로 귀결되는 일련의 사건은 모두 하나님의 계획 속에 있는 일들이었습니다. 예수님은 마리아가 예수님 자신의 장례를 준비한 것이라고 말씀하셨습니다(마 26:12 참조). 며칠 후 예수님은 사람들을 죄에서 구하기 위해 십자가에서 죽으셨습니다. 그리고 셋째 날에 죽은 자 가운데서 다시 살아나셨습니다. 예수님은 살아 계십니다!

예수님은 우리의 주님이자 구원자이십니다. 하나님은 우리가 예수님을 무엇보다도, 누구보다도 소중히 여기길 바라십니다. 우리는 예수님을 향한 우리의 사랑을 예배로 표현할 수 있습니다. 예수님은 우리의 모든 찬양을 받을 분이십니다.

주 제

예수님은 마리아가 예수님의 장례를 위해 향유를 부은 것이라고 말씀하셨어요.

가스펠 링크

예수님은 마리아가 향유를 붓도록 허락하셨어요. 예수님은 세상 무엇보다 소중한 분이세요.

마리아가 예수님께 향유를 부었어요 마 26:6~13; 요 12:1~8

유월절이 다가오고 있었어요. 해마다 유대인들은 오래전에 있었던 특별한 일을 기억하기 위해 예루살렘에 모였어요. 하나님의 백성이 이집트의 노예였을 때, 하나님은 백성을 구하기 위해 위대한 일을 하셨어요. 파라오는 하나님의 능력과 권위를 보고 하나님의 백성을 보내 주었어요. 하나님은 모세를 통해 백성을 이집트에서 데리고 나와 하나님이 약속하신 땅으로 인도하셨어요. 하나님은 이스라엘 백성이 이 일을 잊지 않고 기억하기를 바라셨어요. 그래서 해마다 유대인들은 축제를 열었어요. 많은 유대인이 이날을 기념하기 위해 예루살렘으로 올라갔어요.

유월절 6일 전에 예수님이 베다니로 가셨어요. 베다니는 예루살렘 근처에 있는 마을로, 예수님의 친구 나사로가 동생 마리아, 마르다와 함께 사는 곳이기도 해요.

예수님은 저녁 식사를 하기 위해 친구 시몬의 집에 가셨어요. 예수님이 식사하실 때 나사로의 동생 마리아가 다가왔어요. 아주 값비싼 향유 한 병을 들고 말이에요. 향유는 향수처럼 향기가 나는 기름이에요. 마리아는 병을 열고 예수님의 머리와 발에 향유를 부었어요.

제자들은 무척 화가 났어요! 마리아가 예수님께 향유를 부은 것이 낭비라고 생각했지요. 약 1년 치 임금과 맞먹는 300데나리온이나 하는 비싼 향유였기 때문이었어요. 제자 중 한 명인 가룟 유다가 "왜 이 향유를 300데나리온에 팔아 가난한 사람들에게 주지 않고 낭비하는가?"라고 말했어요. 하지만 유다는 가난한 사람들을 생각해서 이 말을 한 것이 아니었어요. 돈을 사랑했기 때문에 한 말이었지요. 사실 유다는

돈주머니를 맡고 있었는데, 거기에 있는 돈을 훔쳐 가곤 했어요.

제자들은 마리아가 어리석은 일을 했다고 말했지만, 예수님은 "마리아를 괴롭히지 마라. 그가 내게 좋은 일을 했다"라고 말씀하셨어요.

그리고 이렇게 설명하셨어요. "가난한 사람은 언제나 너희와 함께 있지만, 나는 너희와 항상 함께 있는 것이 아니다. 마리아가 내게 향유를 부은 것은 내 장례를 준비하기 위한 것이다."

예수님은 세상 어디든 복음이 전파되는 곳마다 사람들이 마리아와 그가 한 일을 기억할 것이라고 말씀하셨어요.

● ● 가스펠 링크

값비싼 향유를 예수님께 부은 것은 낭비가 아니라 예배였어요. 예수님은 마리아가 향유를 붓도록 허락하셨어요. 예수님은 세상 무엇보다 소중한 분이세요. 예수님은 마리아가 예수님의 장례를 위해 향유를 부은 것이라고 말씀하셨어요. 예수님은 곧 죄인들을 위해 죽으시고 장사된 지 3일 만에 죽은 자 가운데서 다시 살아나실 것을 아셨어요.

가스펠 준비
(10~20분)

★는 선택 활동입니다.

 환영

도착하는 아이들을 반갑게 맞이하고 헌금, 출석, QT 등을 확인하며 격려한다. 새 친구가 있다면 소개한다. 편안한 분위기에서 안부를 물으며 오늘의 말씀과 관련된 화제로 이야기를 나눈다. 아이들에게 10만 원이 생긴다면 그 돈으로 무엇을 하고 싶은지, 무엇을 사고 싶은지 물어본다. 자발적으로 대화에 참여하도록 이끈다.

예) "여러분에게 10만 원이 생긴다면 그 돈으로 무엇을 하고 싶은가요?", "10만 원으로 무엇을 살 수 있을까요?", "어떻게 가치 있게 쓸 수 있을까요?" 등.

10만 원으로 할 수 있는 일이 참 많지요? 오늘 성경 이야기에서는 한 여인이 10만 원보다 훨씬 비싼 어떤 물건을 예수님을 위해 사용했어요.

 마음 열기

이 제품의 가치는? ★

`준비물` **색인 카드, 사인펜, 종이, 연필**

① 마트에서 살 수 있는 몇 가지 제품의 이름을 색인 카드에 각각 쓰고, 카드 뒷면에는 각 제품의 실제 가격을 써 둔다. 실제 제품을 준비해도 좋다.

예) 노트, 밀가루 한 봉지, 전동 칫솔, 립밤, 크래커 한 상자 등.

② 아이들에게 종이와 연필을 나누어 주고, 인도자가 불러 주는 제품의 이름과 가격을 예상해서 써 보라고 한다.

③ 아이들이 물건의 가격을 얼마라고 생각했는지 물어본다.

④ 아이들의 대답을 들은 후 실제 가격을 알려 주고, 가장 근접한 가격을 맞힌 아이에게 박수를 보낸다.

⑤ 정해진 시간 안에 다른 물건들의 가격 예상하기를 계속한다.

제품의 실제 가격을 듣고 놀란 사람이 있나요? 얼마나 정확하게 가격을 맞혔나요? 오늘 성경 이야기에 나오는 한 여인은 자신이 예수님을 얼마나 가치 있고 소중하게 생각하는지를 행동으로 보여 주었어요. 같은 장소에 있던 사람들은 여인의 행동을 보고 깜짝 놀랐어요.

무슨 냄새일까? ★

`준비물` **여러 가지 방향제 또는 향수, 솜뭉치, 불투명한 용기, 사인펜, 종이, 연필**

① 예배실에 알레르기 경고문을 붙여 둔다.

② 여러 가지 방향제를 준비한 후, 솜뭉치에 방향제나 향수를 몇 방울 묻혀 둔다. 바닐라, 계피, 페퍼민트 추출물을 사용해도 좋다.

③ 향을 묻힌 솜뭉치를 불투명한 용기에 각각 담고 뚜껑을 닫은 후, 뚜껑 위에 사인펜으로 번호를 적어 둔다.

④ 아이들을 2팀으로 나누고, 각 팀에 종이와 연필을 나누어 준다.

⑤ 팀에서 한 명씩 나와 번호 순서대로 용기를 열어 냄새를 맡고, 팀 아이들에게 알려 주라고 한다.

⑥ 팀별로 무슨 향인지 종이에 순서대로 적으라고 한다.

⑦ 모든 냄새를 맡고 나면 팀별로 추측한 목록을 발표하게 한 후, 무슨 향이었는지 확인한다.

무슨 향이 가장 마음에 들었나요? 좋아하지 않는 향이 있었나요? 오늘 우리는 아주 좋은 향기가 나는 기름인 향유를 예수님께 부은 한 여인에 관한 이야기를 들을 거예요. 이 여인이 왜 예수님께 향유를 부었는지 그 이유를 함께 알아보기로 해요.

교사를 위한 기록장 이 과를 준비하면서 깨닫게 된 묵상을 정리해 보세요.

· 나는 하나님이나 나에 대해

알게 되었습니다.

· 기억해야 할 하나님의 명령이나 약속은

입니다.

· 아이들에게 전하고 싶은 메시지는

입니다.

가스펠 설교
(15~30분)

 ## 들어가기

준비물 단색 티셔츠, 야구 모자, 종이 상자 3~4개, 성경

인도자가 티셔츠를 입고, 야구 모자를 쓰고 들어온다. 무대 중앙에 있는 상자들을 들여다본 뒤 머리를 긁적인다.

우와, 이 상자들이랑 물건들 좀 봐! 어디부터 손을 대야 할지 모르겠네. 아이들을 향해 몸을 돌리고 말한다. 음, 여러분이 있어서 다행이에요. 혹시 이사하는 것을 좋아하는 사람 있나요? 아이들의 대답을 기다린다. 이 방 주인이 이사를 하게 되었어요. 저는 이삿짐 싸는 것을 도와주러 왔고요. 혹시 청소하기 좋아하는 사람 있나요? 아이들의 대답을 기다린다. 짐을 다 싸고 나면 방 청소도 해야 하거든요. 사실 청소는 재미가 없지요. 여러분도 힘들게 일하고 싶어서 여기에 온 것은 아니지요? 상자 안에서 성경을 꺼낸다. 아하! 바로 이것이 필요했어요.

 ## 연대표

'하나님의 구원 계획' 영상(지도자용 팩)을 보여 주고 오늘의 성경 이야기도 하나님의 거대한 구원 계획의 한 부분에 속하는 이야기임을 상기시킨다.

예수님이 여인을 고치시고 소녀를 살리셨어요

예수님이 나사로를 살리셨어요

마리아가 예수님께 향유를 부었어요

예수님이 성전을 깨끗하게 하셨어요

예수님이 제자들과 마지막 만찬을 하셨어요

예수님이 잡혀가셨어요

구약성경에 나온 이야기들과 지금까지 들은 신약성경의 이야기들은 서로 관련이 없는 이야기들이 아니에요. 모든 이야기는 한데 어우러져 하나의 큰 이야기가 되지요. 하나님이 죄인들을 구하기 위해 자신의 아들을 보내신 이야기 말이에요. 예수님은 아기로 이 땅에 오셨어요. 그리고 어른이 된 후에는 사람들에게 하나님과 하나님의 나라에 대해 가르치셨지요. 이제 우리는 예수님이 이 땅에서 보내신 생애의 막바지에 이르렀어요. 연대표에서 오늘의 성경 이야기를 가리킨다. 오늘 성경 이야기의 제목은 "마리아가 예수님께 향유를 부었어요"에요.

 ## 성경의 초점

우리는 앞으로 몇 주 동안 어떤 질문에 대한 답을 찾을 거에요. 그 질문은 바로 "그리스도인은 왜 성찬에 참여하나요?"랍니다. '성찬'이란 '거룩한 식사'라는 뜻으로 예수님을 믿는 성도가 함께 모여 떡과 잔(빵과 포도주)을 나누는 의식을 말해요. 왜 그런 의식을 할까요? 예수님의 삶과 죽음을 기억하고, 예수님이 다시 오실 때까지 예수님을 선포하기 위해서예요. 앞으로 배울 성경 이야기들을 통해 성찬에 담긴 뜻을 잘 이해하게 될 거예요.

성경 이야기

마태복음 26장과 요한복음 12장을 펴고, 설교 영상(지도자용 팩)을 보여 주거나 이야기 성경을 들려준다. 이야기를 하면서 기름 한 병을 빈 그릇에 부어 마리아의 행동을 시각화한다. 기름에 향료를 첨가해 아이들이 향기를 맡으며 더 실감 나게 이야기에 몰입하게 해도 좋다. 향료를 사용할 경우, 알레르기가 있는 아이가 있는지 미리 확인해 두고 알레르기 경고문을 미리 붙여 둔다. 또는 표정과 목소리를 다양하게 바꾸며 등장인물의 감정을 표현해 본다. (예 : 예수님께 기름을 부어 예배하는 마리아, 예배를 받으시는 예수님, 부정적인 시각으로 보는 제자들의 표정 등)

예수님은 제자들과 함께 베다니에 계셨어요. 시몬이라는 사람이 예수님과 제자들을 저녁 식사에 초대했기 때문이에요. 나사로와 마르다, 마리아도 함께였지요. 많은 사람이 예수님이 죽은 자 가운데서 살리신 나사로를 보려고 시몬의 집에 몰려들었어요.

그때 마리아가 매우 값비싼 나드 향유 한 옥합을 가지고 와서 예수님께 부었어요. 옥합은 호리병 모양으로 생긴 향유를 담는 병으로 병 입구를 깨뜨려 기름을 한 번에 다 사용하게 만들어져 있었어요. 값비싸고 귀한 향유를 조금만 쓰고 남길 수가 없었지요. 여러분이 예수님과 함께 식탁에 앉아 밥을 먹고 있는데, 마리아가 와서 예수님께 향유를 부었다고 상상해 보세요. 성경은 향기가 집에 가득했다고 말해요. 유다와 몇몇 제자는 마리아의 행동을 보고 화가 났어요. 마리아가 예수님께 부은 향유는 300데나리온이나 하는 비싼 것이었어요. 300데나리온은 1년 치 월급과 맞먹는 돈이지요. 유다는 마리아가 향유를 팔아 그 돈을 가난한 사람들에게 주는 것이 더 좋았을 것이라고 말했어요.

예수님은 뭐라고 말씀하셨나요? **예수님은 마리아가 예수님의 장례를 위해 향유를 부은 것이라고 말씀하셨어요.** 가난한 사람들을 도울 기회는 앞으로도 얼마든지 있을 것이라고 하셨지요. 예수님은 이제 곧 십자가에서 죽을 것을 알고 계셨어요. 예수님은 마리아가 옳은 일을 했다고 말씀하셨어요.

가스펠 링크

마리아가 예수님께 부은 향유는 마리아에게 아주 소중한 것이었어요. 그런데도 마리아는 예수님께 모두 드렸어요. 예수님이 값비싼 향유보다 더 귀한 분이라고 믿었기 때문이지요. 마리아는 예수님이 예배를 받으실 분이라는 사실을 보여 준 거예요.

값비싼 향유를 예수님께 부은 것은 낭비가 아니라 예배였어요. 예수님은 마리아가 향유를 붓도록 허락하셨어요. 예수님은 세상 무엇보다 소중한 분이세요. 예수님은 곧 죄인들을 위해 죽으시고 장사된 지 3일 만에 죽은 자 가운데서 다시 살아나실 것을 아셨어요.

✝ 복음 초청

성경과 37쪽 복음 초청 가이드를 이용해서 아이들에게 그리스도인이 되는 법을 설명해 준다. 따로 상담해 줄 사람을 정해 주고 궁금한 점이 있으면 물어보도록 격려한다.

이 시간 예수님을 마음에 모시고 싶은 친구는 함께 기도해요.

기도

하나님, 십자가에서 돌아가신 예수님을 통해 우리를 구원하신 하나님의 은혜에 감사합니다. 그런데도 우리는 예수님을 소중히 여기지 않을 때가 있습니다. 우리의 만족을 위해 세상의 것에 마음을 빼앗기고 욕심부리지 않도록 도와주세요. 예수님만이 가장 소중한 보물이시고 우리의 예배를 받으실 분임을 늘 기억할 수 있도록 도와주세요. 예수님의 이름으로 기도합니다. 아멘.

적용

TIP 설교 도입이나 적용으로 활용하거나 영상을 본 뒤 소그룹으로 나누어 풍성한 대화를 이어 갈 수 있습니다.

여러분이 가진 것들을 생각해 보세요. 그중에서 가장 소중한 것은 무엇인가요? 이 질문을 생각하며 오늘의 영상을 함께 보아요.

 적용 예화 영상(지도자용 팩)을 보여 준 후, 다음의 질문으로 이야기를 나눈다.

1 벤저민이 자기 공을 아낀다는 것을 어떻게 알 수 있나요?

2 벤저민은 왜 자기 공을 소중히 여기나요?

3 우리가 예수님을 소중히 여긴다는 것을 어떻게 알 수 있을까요?

4 예수님보다 더 소중히 여기는 것들이 있나요?

하나님은 우리에게 좋은 선물을 주세요. 그 선물을 누리는 것은 좋은 일이에요. 하지만 하나님보다 하나님이 주신 선물을 더 사랑해서는 안 돼요. 예수님은 세상의 그 무엇보다 좋은 분이세요. 우리는 예배를 통해 예수님을 향한 사랑을 표현할 수 있어요.

예수님은 마리아가 예수님의 장례를 위해 향유를 부은 것이라고 말씀하셨어요. 마리아는 값비싼 향유를 부어 예수님을 예배했어요. 예수님을 위해 하는 일은 결코 낭비가 아니에요. 예수님은 우리의 모든 예배를 받으실 자격이 있는 분이에요.

가스펠 소그룹
(10~20분)

 나침반

향유를 붓다

준비물 1단원 암송(132쪽), 색인 카드, 사인펜

"주의 성령이 내게 임하셨으니 이는 가난한 자에게 복음을 전하게 하시려고 내게 기름을 부으시고 나를 보내사 포로된 자에게 자유를, 눈먼 자에게 다시 보게 함을 전파하며 눌린 자를 자유롭게 하고"(눅 4:18).

① 1단원 암송 구절을 색인 카드에 어절 단위로 나누어 써 둔다.

② 색인 카드를 섞어 예배실 바닥에 뒤집어 펼쳐 둔다.

③ 아이들에게 카드를 뒤집어 암송 구절을 순서대로 정리해 보라고 한다.

④ 완성한 암송 구절을 함께 큰 소리로 읽는다.

TIP 스톱워치로 시간을 재면서 암송 구절을 완성하는 시간을 단축하게 할 수도 있다.

—— '기름을 붓다'라는 말이 무슨 뜻인지 아는 사람 있나요? (특별한 목적을 위해 구별된 사람이라는 표시로 어떤 사람의 머리에 기름이나 향수를 붓는 것을 말한다) 이사야 선지자는 예수님이 태어나시기 수백 년 전에 이 글을 썼어요. 예수님은 이사야의 글을 읽고 이 글이 자신에 관해 쓴 것이라고 말씀하셨어요. 예수님이 요단강에서 세례 요한에게 세례를 받으실 때, 성령님이 예수님 위에 내려오셨어요(마 3:16~17 참조). 예수님은 주님의 성령이 자신에게 기름을 부으셨다고, 다시 말해 특별한 목적을 위해 자신을 구별하셨다고 말씀하셨어요. 예수님은 우리를 위해 십자가에서 죽으셔서 우리의 구원자가 되실 거예요.

 보물 지도

성경 이야기 퀴즈

준비물 성경

① 아이들에게 성경을 나누어 주고 마태복음을 펴게 한다.

② 신약성경을 5부분으로 나누어 보라고 한다. (복음서, 신약 역사서, 바울 서신서, 일반 서신서, 예언서) 마태복음은 어디에 속하는지 물어본다. (복음서)

③ 아이들에게 마태복음 26장 6~13절을 찾으라고 한다.

④ 질문에 대답할 때, 정답의 근거가 되는 성경의 장과 절을 함께 말하라고 한다.

1 오늘 성경 이야기의 배경은 어디인가요? 베다니 (마 26:6)

2 예수님은 누구의 집에 계셨나요? 시몬의 집 (마 26:6)

3 여인은 예수님께 무엇을 부었나요? 매우 귀한 향유 한 옥합 (마 26:7)

4 예수님의 제자들은 왜 화가 났나요?
여인이 향유를 낭비했다고 생각했기 때문이다 (마 26:8)

5 유다는 여인이 그 향유를 어떻게 해야 했다고 말했나요?
비싼 가격에 팔아 그 돈을 가난한 자들에게 주어야 했다고 말했다 (요 12:4~5)

6 예수님은 왜 마리아에게 화를 내지 않으셨나요?
마리아가 좋은 일을 했다고 생각하셨기 때문이다 (마 26:10)

⑤ 다음의 질문으로 아이들과 함께 이야기를 나눈다.

· 예수님은 왜 마리아가 향유를 팔아 그 돈을 가난한 사람들에게 나누어 주는 것보다 예수님께 향유를 부은 것이 잘한 일이라고 하셨을까요?

· 앞으로 예수님에게 어떤 일이 일어나게 될까요?

· 왜 예수님이 우리에게 가장 소중한 보물인가요?

· 예수님을 향한 우리의 사랑을 어떻게 표현할 수 있을까요?

 탐험하기

무엇을 부었을까?

준비물 학생용 교재 4쪽, 색연필

향유

① 각 번호에 알맞은 색을 칠하게 한다.

② 그림 안에 숨은 단어를 찾아 적게 한다.

③ 아이들에게 '기름을 붓다'라는 말이 무슨 의미인지 물어본다.

—— '기름을 붓다'라는 말은 특별한 목적을 위해 구별된 사람이라는 표시로 어떤 사람의 머리에 기름이나 향수를 붓는 것을 말해요. 구약성경에서 사무엘은 다윗을 이스라엘의 왕으로 삼을 때 기름을 부었어요. 오늘 성경 이야기에는 마리아가 예수님께 향기나는 기름인 향유를 부어 예배했어요. 예수님은 예배를 받으시기 합당한 분이시기 때문이에요.

왜 부었을까?

준비물 학생용 교재 5쪽, 연필

① 마리아가 예수님의 머리와 발에 향유를 부은 것은 예배였다고 말해 준다.

② 마리아의 모습을 본 제자들이 무엇이라고 말했는지 말풍선에 적어 보라고 한다.

③ 예수님은 무엇이라고 대답하셨는지 적어 보게 한다.

마리아는 예수님께 향유를 부어 예배했어요. 유다는 마리아가 값비싼 향유를 낭비하는 것이라고 말했지만, 예수님은 마리아가 향유를 부어 예수님을 예배하는 것을 기쁘게 받으셨어요. 예수님은 예배를 받으시기 합당한 분이세요.

큰 그림 그리기 *

준비물 전지 여러 장, 마스킹 테이프, 마커

① 종이를 여러 장 연결해 예배실 벽에 마스킹 테이프로 붙인다.

② 아이들에게 성경 이야기 속 장면을 실물 크기로 그려 보라고 한다.

③ 몇몇 아이에게 종이 앞에 서서 예수님, 마리아, 제자들처럼 자세를 취하게 하고, 나머지 아이들이 몸의 가장자리를 따라 그리게 한다.

④ 아이들이 그림을 그리는 동안, 제자들이 마리아의 행동을 이해하지 못했다고 말해 준다.

⑤ 우리가 예수님께 가장 좋은 것을 드릴 때, 다른 사람들은 우리의 행동이 어리석다고 생각할 수도 있다는 점을 말해 준다.

제자들은 마리아의 행동이 잘못됐다고 생각했지만, 예수님은 마리아가 옳은 일을 했다고 말씀하셨어요. **예수님은 마리아가 예수님의 장례를 위해 향유를 부은 것이라고 말씀하셨어요.** 예수님은 곧 다가올 일들을 알고 계셨어요. 죄인들을 구하기 위해 죽을 것을 알고 계셨지요.

💎 보물 상자

나만의 기록장

준비물 학생용 교재 6쪽, 연필

아이들에게 다음 질문에 대해 생각하고 글로 써 보라고 한다.

이 성경 이야기가 말하고 있는...

· 하나님이나 복음에 관한 사실은?

· 나에 관한 사실은?

· 순종해야 할 하나님의 말씀은?

 그 말씀은 어떻게 하나님께 영광이 되고, 나에게는 유익이 될까요?

· 기억해야 할 하나님의 약속은?

 그 약속은 내가 하나님을 믿고 사랑하는 데 어떤 도움이 되나요?

메시지 카드

준비물 학생용 교재 59쪽 메시지 카드, 카드 고리, 펀치, 가위

① 카드를 오리고 펀치로 구멍을 뚫어 고리로 연결하게 한다.

② 가방이나 지갑에 고리를 끼워 항상 휴대하면서 오늘 배운 성경 이야기를 수시로 기억하게 하고, 가족과도 함께 나눌 수 있도록 격려한다.

기도

하나님, 아들이신 예수님을 우리에게 보내 주시고, 우리를 죄에서 구원해 주셔서 감사합니다. 마리아가 귀하고 값비싼 기름을 부어 예수님을 예배한 것처럼 우리도 우리에게 있는 가장 귀하고 소중한 것으로 예수님을 예배할 수 있도록 도와주세요. 예수님의 이름으로 기도합니다. 아멘.

2

예수님이 성전을 깨끗하게 하셨어요

마 21:12~17; 막 11:15~19

성경의 초점

그리스도인은 왜 성찬에 참여하나요?
예수님의 삶과 죽음을 기억하고,
예수님이 다시 오실 때까지
예수님을 선포하기 위해서예요.

예수님은 유월절을 앞두고 예루살렘에 입성하셨습니다. 그리고 성전에 가셨습니다. 헤롯 대왕은 기원전 20~18년에 예루살렘 성전을 재건했습니다. 성전은 벽과 문으로 둘러싸여 있었으며, 유대 남자, 유대 여자, 이방인이 각각 예배를 드리는 장소와 희생 제물을 바치는 장소가 구별되어 있었습니다. 성전은 하나님이 하나님의 백성 가운데 거하신다는 사실을 상징적으로 보여 주는 장소였습니다.

이방인의 뜰에 들어가신 예수님은 성전에서 물건을 사고파는 사람들을 보고 분노하셨습니다. 성전에서 제사를 지내려면 희생 제물로 쓸 동물이 필요했습니다. 유월절을 지키려고 로마 제국 전역에서 찾아온 예배자들에게는 이방인의 뜰에서 흠 없는 동물을 사는 것이 제물을 구하는 가장 쉬운 방법이었습니다. 성전세와 헌금을 내기 위해 외국 화폐를 환전하는 일도 이곳에서 이루어졌습니다. 그런데 예수님은 왜 이들에게 화를 내시는 것일까요?

성전에서 장사하던 상인들은 성전을 시장이나 상점가로 취급했습니다. 성전을 만민이 기도하는 집으로 만드신 하나님의 의도와는 딴판이었지요(사 56:7 참조). 환전상들은 터무니없는 가격으로 돈을 바꿔 주며 사실상 사람들에게 강도질하고 있었습니다(막 11:17 참조). 게다가 성전 뜰을 자기 가게로 가는 지름길로 사용하는 사람들도 있었습니다. 결국, 조용히 하나님을 예배하고 싶어 하는 이방인들이 탐욕과 갈취에 둘러싸이게 된 것입니다.

예수님은 상인들과 환전상들을 몰아내셨습니다. 오로지 하나님을 높이는 일에만 골몰하셨고, 성전이 장사하는 곳으로 사용되어서는 안 된다고 믿으셨습니다. 이 모습을 본 대제사장들과 서기관들은 예수님을 없애려고 했습니다(눅 19:47 참조).

●●● 티칭 포인트

이 일은 예수님의 죽음과 부활로 이어졌고, 그 결과 우리는 하나님을 만나기 위해 성전으로 갈 필요가 없어졌습니다. 예수님은 하나님으로서 우리 가운데 거하시고(요 1:14 참조) 죄 용서를 위한 마지막 제물이 되기 위해 오셨습니다. 이제 우리는 교회의 모습으로 함께 모여 예수님을 예배합니다(고전 12:12~31; 골 1:9~23 참조).

주 제

예수님은 성전을 잘못 사용하는 사람들을 쫓아내셨어요.

가스펠 링크

예수님은 성전을 잘못 사용하는 사람들을 성전에서 내쫓으셔서 하나님의 백성이 예배할 수 있게 하셨어요. 그리고 사람들이 하나님께 가까이 갈 수 있도록 길을 열어 주셨어요.

이야기 성경

예수님이 성전을 깨끗하게 하셨어요 마 21:12~17, 막 11:15~19

유월절 주간이었어요. 예수님과 예수님을 따르는 사람들, 그리고 많은 유대인이 유월절을 지키기 위해 예루살렘으로 왔어요.

예수님과 제자들은 성전에 들어갔어요. 성전 안의 모습을 본 예수님은 화를 내셨어요. 사람들이 성전에서 해서는 안 되는 일을 하고 있었기 때문이에요. 어떤 사람들은 제물로 쓸 소, 양, 비둘기 같은 동물을 사고팔았어요.

어떤 사람들은 상을 차려 놓고 돈을 바꿔 주었어요. 유대인들은 성전에 세금을 내야 했는데, 이 세금은 정해진 돈으로만 내야 했어요. 그래서 상 앞에 앉은 사람들이 외국 돈을 세금으로 낼 수 있는 돈으로 바꿔 주고 있었지요.

또 다른 사람들은 물건을 예루살렘 한쪽에서 다른 쪽으로 옮길 때 성전 뜰을 지름길로 사용해 가로질러 다녔어요. 성전은 그런 목적으로 있는 곳이 아닌데도 말이에요!

예수님은 그런 사람들을 모두 쫓아내셨어요. 돈 바꾸는 사람들의 상을 엎고, 비둘기 파는 사람들의 의자도 엎으셨어요. 그리고 물건을 들고 성전을 가로질러 다니는 것을 허락하지 않으셨어요. 예수님은 사람들이 중요한 사실을 깨닫기를 바라셨어요. 그래서 사람들에게 "성경에 '내 집은 모든 민족이 기도하는 집이라고 불릴 것이다'라고 쓰여 있지 않느냐? 그런데 너희는 성전을 강도의 소굴로 만들었구나!"라고 말씀하셨어요.

사람들은 성전에서 장사하는 잘못만 저지른 것이 아니라, 공정하지 않은 방법으로 장사했어요. 그리고 사람들에게 동물을 팔거나 돈을 바꾸는 대가로 터무니없이 많은 금액을 받았지요. 하나님의 집인 성전을 바르게 사용하지 않았던 거예요. 예수님이 화를 내시는 것은 당연한 일이었어요!

종교 지도자들은 사람들이 예수님의 가르침과 기적에 놀라는 모습을 보았어요. 예수님은 성전에서 앞을 못 보는 사람이 오면 고쳐 주셨어요. 걸을 수 없는 사람이 와도 고쳐 주셨어요. 아이들은 성전에서 "다윗의 자손께 호산나!"라고 외쳤어요.

종교 지도자들은 이런 모습이 마음에 들지 않았어요. 그래서 예수님에게 "이 아이들이 무슨 말을 하는지 듣고 있소?"라고 물었어요.

예수님은 "그렇다. '주께서 어린아이들과 젖먹이들의 입에서 찬양이 나오게 하셨다'라고 한 말씀을 읽어보지 못했느냐?"라고 대답하셨어요.

종교 지도자들은 예수님이 두려웠어요. 그래서 예수님을 죽일 방법을 찾기 시작했어요. 그날 저녁 예수님과 제자들은 예루살렘을 떠나 베다니로 가서 밤을 지냈어요.

● ● 가스펠 링크

성전은 사람들이 하나님께 기도하고 예배하는 장소였어요. 예수님은 성전을 잘못 사용하는 사람들을 성전에서 내쫓으셔서 하나님의 백성이 예배할 수 있게 하셨어요. 예수님은 십자가의 죽음으로 사람들의 죄를 없애 주시고, 사람들이 하나님께 가까이 갈 수 있도록 길을 열어 주셨어요.

가스펠 준비
(10~20분)

 ## 환영

도착하는 아이들을 반갑게 맞이하고 헌금, 출석, QT 등을 확인하며 격려한다. 새 친구가 있다면 소개한다. 편안한 분위기에서 안부를 물으며 오늘의 말씀과 관련된 화제로 이야기를 나눈다. 아이들에게 어떤 장소에서 기도하고 싶은지 물어본다. 자발적으로 대화에 참여하도록 이끈다.

예) "여러분은 어느 때 기도하나요?", "어떤 장소에서 기도하나요?", "주변이 시끄러우면 기도가 잘 되나요?" 등.

―― 주변 환경에 상관없이 기도를 할 수 있다면 얼마나 좋을까요? 하지만 많은 사람이 주변이 시끄럽거나 복잡하면 하나님을 예배하고 기도하는 것에 잘 집중하지 못해요. 오늘 성경 이야기에서 다른 곳도 아닌 하나님께 예배드리는 성전 뜰이 나오는데 아주 어수선했어요.

 ## 마음 열기

단서를 찾아라! *
준비물 색인 카드, 연필

① 색인 카드에 다음의 단서들을 각각 쓰고, 예배실의 잘 보이는 곳에 카드를 숨겨 둔다.

   1. 누가? 예수님이

   2. 누가? 유대인들이

   3. 누가? 돈 바꾸는 사람들이

   4. 어디에서? 예루살렘에서

   5. 어디에서? 성전에서

   6. 무엇을? 사고파는 것을

   7. 무엇을? 돈을 바꾸는 것을

   8. 무엇을? 성전을 지름길 삼아 가로질러 가는 것을

   9. 언제? 유월절 기간에

   10. 왜? 하나님의 성전을 바르게 사용하지 않고 있었기 때문에

② 아이들에게 예배실에 숨긴 단서 카드 10개를 찾아 보라고 한다.

③ 카드를 모두 찾으면 큰 소리로 읽게 한다.

―― 이 단어들은 오늘 우리가 들을 성경 이야기에 대한 단서예요. 무슨 일인지 맞혀 볼 사람 있나요? 아이들의 대답을 기

다린다. 그럴 수도 있겠군요. 그럼 실제로 무슨 일 일어났는지 함께 알아볼까요?

동전 던지기 놀이 *
준비물 양동이, 10원짜리 또는 장난감 동전, 스톱워치

① 예배실 한가운데 양동이를 놓는다.

② 아이들을 양동이에서 2m 정도 거리를 두도록 둥그렇게 세우고, 10원짜리 동전을 한 움큼씩 나누어 준다.

③ 인도자가 "시작!"이라고 외치면, 10초 동안 동전을 양동이에 던지라고 한다.

④ 시간이 다 되면 동전 던지기를 멈추고, 양동이에 들어간 동전의 수를 세어 본다.

⑤ 정해진 시간 안에서 놀이를 반복한다.

―― 정말 재미있는 놀이예요! 엄청 시끄럽기도 하고요! 여러분이라면 예배하는 곳에서 이렇게 시끄러운 소리를 내면서 동전을 옮길까요? 아이들의 대답을 기다린다. 왜 그렇게 생각하나요? 아이들의 대답을 기다린다. 오늘 성경 이야기에서 성전에 가신 예수님은 그런 행동을 하는 사람들을 보셨어요. 사람들은 동전을 바꾸고 있었고, 예수님은 그 모습을 기뻐하지 않으셨어요!

> **교사를 위한 기록장** 이 과를 준비하면서 깨닫게 된 묵상을 정리해 보세요.
>
> ·하나님이나 나에 대해 새롭게 알게 된 것은?
>
>
> ·기억해야 할 하나님의 말씀은?
>
>
> ·아이들에게 전하고 싶은 메시지는?

가스펠 설교
(15~30분)

 들어가기

준비물 **단색 티셔츠, 야구 모자, 청소 도구**(빗자루, 쓰레받기, 먼지떨이), **성경**

인도자가 티셔츠를 입고, 야구 모자를 쓰고 들어온다. 청소 도구를 들고 끊임없이 청소한다.

아, 이제 훨씬 낫군! 청소 도구를 내려놓고 아이들에게 말을 건다. 다시 만났군요! 오늘 처음 온 사람도 환영합니다! 여러분이 와서 정말 다행이에요. 저는 이 방을 청소하고 있었어요. 기억할지 모르겠지만, 저는 지금 이사를 준비하고 있어요. 예수님이 여러 곳을 다니시며 하신 일과도 관련이 있지요. 성경을 높이 든다. 예수님은 정말 여러 곳을 다니셨어요. 항상 어딘가 가시는 것 같아요. 아마 예수님은 저처럼 먼지를 떨고 바닥을 쓸 일이 없으셨을 것 같아요. 생각에 잠긴 듯 잠시 멈춘다. 그러고 보니 예수님도 어떤 의미에서는 청소를 하셨네요. 오늘 여러분이 들을 성경 이야기가 바로 그 이야기예요.

 성경의 초점

성경의 초점의 질문과 답을 복습해 볼까요? **그리스도인은 왜 성찬에 참여하나요? 예수님의 삶과 죽음을 기억하고, 예수님이 다시 오실 때까지 예수님을 선포하기 위해서예요.** 예수님이 청소를 하시기도 전에 이런 질문을 하는 것이 좀 이상하게 느껴지네요. 하지만 이 이야기는 성찬의 시초인 유월절 만찬이 있었던 유월절 주간에 일어난 일이에요.

연대표

지난 시간에 배운 성경 이야기를 기억하나요? 연대표에서 지난 성경 이야기를 가리킨다. 예수님이 제자들과 식사하고 있을 때 마리아가 와서 예수님께 향유를 부었어요. **예수님은 마리아가 예수님의 장례를 위해 향유를 부은 것이라고 말씀하셨어요.** 예수님은 이 땅에서의 시간이 끝나가고 있다는 것을 아셨어요. 죄인들을 구하려는 하나님의 계획에 따라 곧 십자가에서 죽으실 것도 아셨지요. 예수님은 하나님 아버지께 순종하는 일에 온 마음과 생각을 집중하셨어요.

마리아가 예수님께   예수님이 성전을
향유를 부었어요   깨끗하게 하셨어요

예수님이 제자들과   예수님이
마지막 만찬을 하셨어요   잡혀가셨어요

연대표에서 오늘의 성경 이야기를 가리킨다. 오늘 성경 이야기 "예수님이 성전을 깨끗하게 하셨어요"를 보면 예수님이 하나님 아버지를 높이는 일에 얼마나 열심을 내셨는지 알 수 있어요. 예수님이 하나님을 높이기 위해 어떤 일을 하셨는지 함께 알아볼까요?

 성경 이야기

마태복음 21장과 마가복음 11장을 펴고, 설교 영상(지도자용 팩)을 보여 주거나 이야기 성경을 들려준다. 이야기하는 동안 다양한 음향 효과를 내 본다. (예 : 동전이 든 컵을 흔들거나 동물 울음소리를 흉내 내며, 성전에서 환전하거나 동물을 사고파는 모습을 연상하게 한다) 음향 효과는 이야기를 효과적으로 전달하기 위한 것이기 때문에 만약 아이들의 주의가 산만해진다면 자제한다. 몸동작으로 손과 팔을 움직여 사람들이 물건을 사고파는 모습, 상을 차리는 모습, 돈을 바꾸는 모습, 물건을 나르는 모습 등을 표현해도 좋다. 또는 예배 시간 전에 무대를 꾸며 두고 도착하는 아이들에게 성경 이야기에 어떤 일이 일어날지 물어본다. (예 : 탁자 뒤집어 놓기, 종이나 동전을 바닥에 흩어 놓기 등)

교회 안에서 가축을 사고파는 모습을 본 적 있나요? 사람들이 기도하고 찬양하는 동안 그 옆에서 상인들이 돈을 바꾸는 모습은요? 예수님이 십자가에서 죽으시기 전까지 하나님은 하나님의 백성에게 죄를 용서받기 위해 예루살렘 성전에서 속죄제를 드리라고 명령하셨어요. 성전에서 예배를 드릴 때는 구체적인 규칙을 따라야 했지요.

성전에는 하나님을 예배하고 싶은 이방인들이 기도를 할 수 있는 뜰이 마련되어 있었어요. 이곳은 '이방인의 뜰'이라고 불렸지요. 그런데 유대인들이 이곳에서 상을 펼치고 장사를 했어요. 이방인들은 '이방인의 뜰'이 아닌 다른 성전 안뜰에는 들어가 예배할 수 없었어요. 그렇게 소란스러운 곳에서 기도하고 예배해야 했던 이방인들의 어려움을 한번 상상해 보세요.

이 모습을 본 예수님은 화가 나셨어요. 그래서 어떻게 하셨나요? 아이들의 대답을 기다린다. **예수님은 성전을 잘못 사용하는 사람들을 쫓아내셨어요.** 성전은 하나님 아버지의 집이며, 모든 나라 사람들이 기도하는 곳이라고 예수님은 말씀하셨어요. 하지만 사람들은 탐욕 때문에 성전 뜰 안에서 장사를 했고, 그 결과 하나님을 예배하려는 사람들은 방해를 받았어요. 이 때문에 예수님은 화가 나셨어요.

가스펠 링크

사실 저는 사소한 일에도 화를 잘 내는 편이에요. 원하는 대로 일이 되지 않으면 화가 나요. 화를 내는 이유가 잘못된 것이지요. 하지만 예수님은 하나님의 아들이세요. 완전히 의롭고 거룩하신 예수님은 물건을 사고파는 사람들을 모두 성전에서 내쫓으심으로 죄에 반응하셨어요. 정당한 이유로 화를 내셨지요. 예수님은 죄를 미워하세요.

예수님은 성전을 잘못 사용하는 사람들을 쫓아내셨어요. 성전은 사람들이 하나님께 기도하고 예배하는 장소였어요. 예수님은 십자가의 죽음으로 사람들의 죄를 없애 주시고, 사람들이 하나님께 가까이 갈 수 있도록 길을 열어 주셨어요.

복음 초청

성경과 37쪽 복음 초청 가이드를 이용해서 아이들에게 그리스도인이 되는 법을 설명해 준다. 따로 상담해 줄 사람을 정해 주고 궁금한 점이 있으면 물어보도록 격려한다.
이 시간 예수님을 마음에 모시고 싶은 친구는 함께 기도해요.

기도

하나님, 예수님을 우리의 구원자로 보내 주셔서 감사합니다. 예수님처럼 우리도 하나님이 사랑하시는 것을 사랑하고 하나님이 미워하시는 것을 미워할 수 있도록 도와주세요. 사람들이 하나님께 나가지 못하도록 방해하는 것들에 맞설 수 있도록 인도해 주세요. 날마다 하나님을 높이는 우리가 되기를 원합니다. 예수님의 이름으로 기도합니다. 아멘.

적용

TIP 설교 도입이나 적용으로 활용하거나 영상을 본 뒤 소그룹으로 나누어 풍성한 대화를 이어 갈 수 있습니다.

모든 물건에는 만들어진 목적이 있어요. 처음부터 무엇에 어떻게 사용하려는지 계획되어 만들어졌어요. 예를 들어 망치는 못을 박거나 빼는 데 쓰이지요.

예수님은 성전을 잘못 사용하는 사람들을 쫓아내셨어요. 성전은 사람들이 하나님을 예배하는 장소이기 때문이에요. 예수님이 화를 내신 것은 당연한 일인가요? 이 질문을 생각하며 오늘의 영상을 함께 보아요.

적용 예화 영상(지도자용 팩)을 보여 준 후, 다음의 질문으로 이야기를 나눈다.

1 컵케이크들은 왜 화가 났나요?

2 채소들은 부엌을 어떻게 사용하고 있었나요? 부엌은 원래 무엇을 하는 곳인가요?

3 예수님은 성전에서 사람들의 모습을 보고 왜 화가 나셨나요?

4 예수님이 화를 내신 것은 당연한 일인가요? 왜 그렇게 생각하나요?

하나님을 높이지 않는 사람들에게 예수님이 화를 내신 것은 당연한 일이었어요. 예수님은 하나님을 높이는 일에 열심이셨어요. 하나님은 우리에게도 하나님을 높이는 일에 열심을 내라고 하세요. 우리도 예수님처럼 사람들이 하나님께 나오지 못하도록 방해하는 것들에 맞서 행동할 수 있어요. 그리고 하나님이 받으실 예배를 드리고, 다른 사람들이 하나님께 나오도록 초청할 수 있어요.

가스펠 소그룹
(10~20분)

 나침반

순서대로

준비물 1단원 암송(132쪽), 색인 카드, 사인펜

① 색인 카드에 1단원 암송 구절의 핵심 단어들을 각각 쓴다. 암송 구절과 관련 없는 단어를 적은 카드도 몇 장 섞어 둔다.

② 아이들에게 암송 구절과 관련된 카드를 찾아 순서대로 정리해 보라고 한다.

③ 정리한 단어를 함께 큰 목소리로 읽고, 1단원 암송 구절을 여러 번 읽는다.

—— 예수님은 이사야의 글을 읽으셨어요. 이사야의 예언은 예수님을 통해 성취되었어요. 사람들에게 자유를 주고, 보지 못하는 사람들을 보게 하고, 억압된 사람들을 자유롭게 할 분은 예수님뿐이에요.

 보물 지도

성전 뜰에서 일어난 일

준비물 '성전 뜰'(128쪽 또는 지도자용 팩), 성경

① 지도자용 팩에서 '성전 뜰'을 출력해 둔다.

② 아이들에게 성경에서 마태복음을 펴게 한다.

③ 마태복음은 신약과 구약 중 어디에 있으며, 성경을 분류할 때 어디에 속하는지 물어본다. (신약, 복음서) 신약성경의 처음 다섯 책을 말해보라고 한다. (마태복음, 마가복음, 누가복음, 요한복음, 사도행전)

④ 아이들에게 '성전 뜰'을 보여 주며, 각 뜰의 차이를 설명해 준다. 오늘 성경 이야기는 이방인의 뜰에서 일어난 일이라고 말해 준다.

⑤ 아이들에게 마태복음 21장 12~17절을 찾고, 질문에 대답할 때, 정답의 근거가 되는 성경의 장과 절을 함께 말하라고 한다.

1 사람들은 성전 뜰 안에서 어떤 잘못된 행동을 하고 있었나요?
물건을 사고팔며, 돈을 바꾸고, 동물을 팔았다 (마 21:12)

2 예수님은 성전이 어떤 장소가 되어야 한다고 말씀하셨나요?
기도하는 집 (마 21:13)

3 예수님은 보지 못하거나 걷지 못하는 사람들을 어떻게 도와주셨나요? 고쳐 주셨다 (마 21:14)

4 아이들은 성전에서 무엇이라고 소리를 질렀나요?
"호산나 다윗의 자손이여!" (마 21:15)

⑦ 다음의 질문으로 아이들과 함께 이야기를 나눈다.

· 예수님이 화를 내신 것은 잘못인가요? 왜 그렇게 생각하나요?

· 오늘날 사람들이 하나님을 예배하는 것을 방해하는 것은 무엇이 있을까요?

· 다른 사람들이 잘못된 행동을 해서 화가 날 때 어떻게 할 수 있을까요?

 탐험하기

어울리지 않아

준비물 학생용 교재 8쪽, 연필

① 그림에서 성전 뜰에 어울리지 않는 10가지를 찾아 ○표 하게 한다.

② 성전은 하나님을 예배하는 장소였다는 점을 상기시켜 준다.

예수님은 성전을 잘못 사용하는 사람들을 쫓아내셨어요.

—— 여러분이 찾은 장면들은 왜 성전과 어울리지 않나요? 오늘 성경 이야기에서 예수님은 예루살렘 성전에 가셨어요. 그곳에서 성전과 어울리지 않는 장면을 보셨지요. **예수님은 성전을 잘못 사용하는 사람들을 쫓아내셨어요.** 성전은 하나님을 예배하는 곳이에요.

여기서 나가!

준비물 학생용 교재 9쪽, 연필

① 문장이 참인지 거짓인지 잘 읽어 보라고 한다.

② 잘못된 부분을 찾아 밑줄을 긋고 바르게 고치게 한다.

1. 예수님은 베다니에 가셨어요. (막 11:15)	예루살렘
2. 사람들은 성전에서 간식을 팔고 있었어요. (마 21:12; 막 11:15)	돈을 바꿔주고 비둘기를 파는 등 장사를 하고 있었어요
3. 예수님은 사람들을 성전에 내버려두셨어요. (마 21:12; 막 11:15)	성전에서 내쫓으셨어요
4. 예수님은 사람들이 성전을 궁전으로 만들고 있다고 말씀하셨어요. (마 21:13; 막 11:17)	강도의 소굴
5. 예수님은 성전에서 주무셨어요. (마 21:14)	사람들을 고쳐 주셨어요
6. 동물들이 예수님을 찬양했어요. (마 21:15)	어린아이들이
7. 종교 지도자들이 예수님을 좋아했어요. (마 21:15)	예수님에게 화를 냈어요

예수님은 성전에 대해 뭐라고 말씀하셨나요? (마 21:13)

성경에 이렇게 기록돼 있다.

'내 집은 기도하는 집이라 불릴 것이다'

―― 예수님은 성전을 잘못 사용하는 사람들을 쫓아내셨어요. 왜냐하면 성전은 하나님을 예배하고 기도하는 곳이기 때문이에요. 성전에서 하나님을 예배하고 하나님만 높이는 우리가 되기로 해요.

성전을 깨끗하게! ★

준비물 빗자루, 마스킹 테이프, 공 5개, 스톱워치

① 예배실 바닥에 2개의 동심 직사각형을 마스킹 테이프로 크게 만들어 둔다.

② 아이들을 2팀으로 나누고, A팀은 바깥 사각형 안에 B팀은 사각형 바깥에 세운다. 안쪽 사각형은 비워 둔다.

③ A팀 아이들에게 빗자루를 하나씩 나누어 준다.

④ B팀에 공 5개를 주고, 공을 바닥에 굴려 안쪽에 있는 사각형 안에 넣으라고 한다.

⑤ A팀은 공이 들어가지 않도록 빗자루로 쓸어 내야 한다고 말해 준다.

⑥ 제한 시간 1분이 지나면, 2팀의 역할을 바꾸어 놀이를 반복한다.

⑦ 제한 시간 안에 더 많은 공을 넣은 팀이 이긴다.

―― 오늘 성경 이야기에서 예수님은 성전을 잘못 사용하는 사람들을 쫓아내셨어요. 성전은 물건을 사고파는 사람들 때문에 소란스러웠어요. 사람들이 하나님을 예배하는 데 방해가 되었지요.

예수님이 화를 내신 것은 당연한 일이었어요. 예수님은 사람들을 하나님께 인도하기 위해 이 땅에 오셨어요. 사람들의 죄를 없애기 위해 십자가에서 죽으셨지요. 예수님을 믿는 사람은 누구라도 하나님께 나갈 수 있어요.

예배를 표현해요 ★

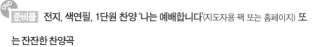

준비물 전지, 색연필, 1단원 찬양 '나는 예배합니다'(지도자용 팩 또는 홈페이지) 또는 잔잔한 찬양곡

① 예배실 벽에 큰 전지를 붙이고, 1단원 찬양을 작게 틀어 둔다.

② 아이들에게 "우리는 왜 하나님께 예배할까요?"라고 물어본다. 우리는 하나님이 하나님되심을 예배한다고 강조한다. 예배를 통해 하나님만 섬기고 경배한다는 것을 고백한다고 알려 준다.

③ 예배실 벽에 하나님을 설명하는 말을 적어 보라고 한다. 아이들이 조용히 하나님께 집중할 수 있도록 시끄럽게 하지 않도록 한다. 예) 선하시다, 사랑이시다, 거룩하시다, 의로우시다 등.

④ 아이들이 적은 하나님을 설명하는 말을 활용해 기도와 찬양으로 활동을 마무리한다.

보물 상자

나만의 기록장

준비물 학생용 교재 10쪽, 연필

아이들에게 다음 질문에 대해 생각하고 글로 써 보라고 한다.

이 성경 이야기가 말하고 있는...

· 하나님이나 복음에 관한 사실은?

· 나에 관한 사실은?

· 순종해야 할 하나님의 말씀은?

　그 말씀은 어떻게 하나님께 영광이 되고, 나에게는 유익이 될까요?

· 기억해야 할 하나님의 약속은?

　그 약속은 내가 하나님을 믿고 사랑하는 데 어떤 도움이 되나요?

기도

예수님을 우리에게 보내 주셔서 우리가 언제나 어디서나 하나님을 예배할 수 있게 해 주셔서 감사합니다. 오직 하나님께만 집중하고, 하나님만 예배할 수 있도록 인도해 주세요. 예수님의 이름으로 기도합니다. 아멘.

3

예수님이 제자들과 마지막 만찬을 하셨어요

마 26:26~30; 요 13:1~15

성경의 초점

그리스도인은 왜 성찬에 참여하나요?
예수님의 삶과 죽음을 기억하고,
예수님이 다시 오실 때까지
예수님을 선포하기 위해서예요.

예수님은 죽을 때가 가까이 온 것을 아셨습니다. 유월절 만찬을 위해 제자들과 함께 앉으신 예수님은 아주 이례적인 일을 하셨습니다. 제자들의 발을 씻기신 것입니다. 이 천한 일은 원래 종이 할 일이었습니다. 발을 씻는 행위는 영적 정결을 상징합니다. 제자들은 이미 하나님 앞에서 '깨끗한' 상태였지만(요 13:10 참조), 구원받은 사람도 여전히 매일 자신을 정결하게 해야 합니다(요일 1:9 참조). 예수님은 이 의식을 통해 제자들이 서로를 사랑과 겸손으로 대하도록 직접 본을 보이셨습니다(요 13:15 참조).

식사를 하면서 예수님은 떡을 떼어 제자들에게 주셨습니다. 잔도 함께 나누셨습니다. 떡과 잔이 예수님의 몸과 피를 나타낸다고 설명하셨습니다. 예수님이 새 언약을 세우신 것입니다.

구약에서 하나님은 하나님의 백성과 언약을 맺으셨습니다. 백성이 하나님과 바른 관계를 맺으며 살기 위해 따라야 할 명령들을 주신 것입니다. 하지만 하나님의 백성은 언약을 어겼습니다. 그들은 하나님께 순종하지 않았고, 하나님을 사랑하지 않았습니다. 그러나 예수님은 십자가의 죽음으로 용서를 베푸셨고, 사람들이 하나님을 다시 알고 사랑할 수 있도록 길을 열어 주셨습니다.

예수님과 제자들은 유월절에 최초의 성찬을 나누었습니다. 유월절은 하나님이 어린양의 피가 발라져 있는 집을 넘어가시고 자기 백성을 이집트의 압제에서 구해 내신 일을 기억하는 날이었습니다. 예수님은 새로운 기념일을 제정하셨습니다. 그것은 자기 피로 온 세상에 구원을 가져올 하나님의 어린양, 즉 예수님 자신을 기리는 날이었습니다.

●●● 티칭 포인트

그리스도인들은 성찬을 나누며 예수님이 죽음과 부활을 통해서 우리를 위해 하신 일을 기억합니다. 하나님의 신실하심을 기억하고, 예수님이 다시 오실 날을 고대합니다.

여러분이 가르치는 아이 모두가 성찬에 참여할 준비가 되어 있지는 않을 것입니다. 아이들에게 성찬도 세례와 마찬가지로 성례 중 하나이며, 죄를 회개하고 예수님이 구원하신다는 사실을 믿는 사람들이 참여하는 의식이라고 부드럽게 설명해 주십시오.

주 제

예수님이 제자들과 함께하신 마지막 유월절 만찬은 최초의 성찬이었어요.

가스펠 링크

예수님은 자신의 죽음으로 새 언약을 세울 것이라고 말씀하셨어요.

예수님이 제자들과 마지막 만찬을 하셨어요 마 26:26~30; 요 13:1~15

제자들은 유월절 만찬을 준비하기 위해 예루살렘으로 들어갔어요. 저녁 준비가 끝나자 예수님과 제자들이 식탁에 앉았어요. 예수님은 이 세상을 떠나 아버지께로 돌아가실 때가 된 것을 아셨어요.

예수님은 자리에서 일어나 겉옷을 벗고 수건을 허리에 두르셨어요. 그러고는 대야에 물을 담아 제자들의 발을 씻기기 시작하셨어요. 그 당시 집에 들어오는 사람의 발을 씻기는 것은 종들이 하는 일이었어요. 그런데 왕 중의 왕이신 예수님이 지금 종이 하는 일을 하고 계신 거예요!

베드로의 차례가 되었어요. 베드로는 "절대로 제 발은 씻기실 수 없습니다! 절대로요!"라고 말했지요. 예수님은 "내가 너를 씻겨 주지 않으면 너는 나와 아무 상관이 없다"라고 말씀하셨어요.

그러자 베드로는 "주님, 저의 발뿐 아니라 손과 머리까지 씻겨 주십시오"라고 말했어요. 예수님은 베드로에게 목욕한 자는 이미 깨끗하기 때문에 발만 씻으면 된다고 말씀하셨어요. 지금 예수님은 몸을 깨끗하게 하는 것에 관해 말씀하신 것이 아니에요. 죄를 회개하고 예수님을 믿어 죄를 용서받은 사람에 관해서 말씀하신 거예요. 그리스도인은 죄를 지을 때마다 회개해야 하지만, 구원받는 것은 한 번으로 충분해요.

예수님은 제자들의 발을 다 씻기신 뒤에 겉옷을 입고 다시 자리에 앉아 말씀하셨어요. "내가 한 일이 무슨 뜻인지 알겠느냐? 너희는 나를 선생님 또는 주님이라고 부른다. 선생님과 주님인 내가 너희에게 본을 보였으니 그대로 따라 해라. 너희도 서로 발을 씻겨 주어라." 예수님은 서로를 섬기라고 말씀하신 거예요.

예수님은 떡을 들고 감사 기도를 드린 후, 떡을 떼어 제자들에게 나누어 주셨어요. 그리고 "받아 먹어라. 이것은 내 몸이다"라고 말씀하셨어요. 그런 다음 잔을 들고 감사 기도를 드린 후, 제자들에게 잔을 주시며 "너희 모두 이 잔을 마셔라. 이것은 많은 사람의 죄를 용서하기 위해 흘리는 내 피, 곧 언약의 피다"라고 말씀하셨어요.

식사를 마친 후 예수님과 제자들은 함께 찬송하며 올리브산(감람산)으로 갔어요.

● ● 가스펠 링크

하나님의 백성은 옛 언약을 어겼지만, 하나님은 그들의 죄를 용서할 새 언약을 주셨어요. 죽음과 부활을 앞둔 예수님은 마지막으로 제자들과 유월절 만찬을 하셨어요. 예수님은 자신의 죽음으로 새 언약을 세울 것이라고 말씀하셨어요. 하나님은 하나님의 아들이신 예수님을 믿는 사람들의 죄를 용서하세요.

가스펠 준비
(10~20분)

 환영

도착하는 아이들을 반갑게 맞이하고 헌금, 출석, QT 등을 확인하며 격려한다. 새 친구가 있다면 소개한다. 편안한 분위기에서 안부를 물으며 오늘의 말씀과 관련된 화제로 이야기를 나눈다. 아이들에게 친한 친구와 특별한 식사를 했던 적이 있는지 물어본다. 자발적으로 대화에 참여하도록 이끈다.

예) "식사할 때 가장 먹고 싶은 음식은 무엇인가요?", "가장 친한 친구와 특별한 식사를 한다면 어떤 음식을 함께 먹고 싶나요?" 등.

—— 정말 다양한 음식을 말해 주었어요! 특별한 날에는 특별한 음식을 먹고 싶지요? 예수님은 제자들과 유월절 만찬을 하시며 떡과 잔(포도주)을 나누셨어요. 이 식사가 왜 특별할까요? 함께 알아보아요.

 마음 열기

알록달록 저녁 식사 *

준비물 **색깔 점토**

① 아이들에게 색깔 점토를 한 덩이씩 나누어 주고, 저녁 식사에 필요한 도구나 음식을 만들어 보라고 한다.

예) 컵, 접시, 숟가락, 젓가락, 포크, 각종 음식 등.

② 완성한 작품을 소개하는 시간을 갖는다.

—— 명절이나 기념일에 특별한 음식을 먹어 본 적 있나요? 어떤 음식을 먹었나요? 아이들의 대답을 기다린다. 오늘 우리는 예수님과 제자들의 특별한 식사 이야기를 들을 거예요. 그리고 오늘날 그리스도인들이 성찬식을 통해 그 식사를 기념하는 이유도 알아보아요.

이런 일은 어때? *

준비물 **색인 카드, 펜**

① 색인 카드에 해야 할 일 목록을 적어 둔다.

예) 화장실 청소하기, 냄새나는 옷 빨기, 분주한 식당에서 식사 시중들기, 집을 새로 페인트칠하기, 방 청소하기, 쓰레기 버리기, 설거지하기, 개 산책시키기, 다른 사람의 발 씻기기 등.

② 인도자가 해야 할 일을 말하면, 그 일을 하고 싶은 아이들은 손을 들라고 한다.

③ 한 번에 한 가지만 말하며, 다음 목록을 말하기 전에 아이들이 모두 손을 내리게 한다.

—— 대부분 별로 재미없어 보이는 일들이군요! 마지막 일은 어떤가요? 다른 사람의 발 씻겨 주기 말이에요. 저라면 다른 사람의 발을 씻기고 싶지는 않을 것 같아요. 다른 사람이 내 발을 씻겨 주는 것도 별로이고요! 하지만 오늘 성경 이야기에서 예수님은 제자들의 발을 씻겨 주셨대요. 왜 그러셨는지 함께 알아보기로 해요.

교사를 위한 기록장 이 과를 준비하면서 깨닫게 된 묵상을 정리해 보세요.

· 하나님이나 나에 대해 새롭게 알게 된 것은?

· 기억해야 할 하나님의 말씀은?

· 아이들에게 전하고 싶은 메시지는?

가스펠 설교
(15~30분)

 ## 들어가기

준비물 단색 티셔츠, 야구 모자, 손수건, 상자, 성경

인도자가 티셔츠를 입고, 야구 모자를 쓰고 들어온다. 손수건을 들고 눈물 닦는 시늉을 한다.

안녕하세요, 여러분. 훌쩍인다. 아, 작별은 언제나 힘들군요! 아직 이삿날이 되지도 않았는데, 생각만 해도 이렇게 눈물이 나요. 사실 제가 이사를 하는 것도 아닌데 말이에요! 전 그저 이 방에 살던 사람의 이사 준비를 도와주고 트럭에 짐을 싣는 일만 했을 뿐이지요. 혹시 이런 말 들어 보았나요? "안녕은 영원한 헤어짐이 아니라 다시 만날 일을 기약하는 것이다." "하나가 끝나면 다른 하나가 시작된다." 정말 맞는 말들이에요. 상자에서 성경을 꺼낸다. 바로 이것이 오늘 성경 이야기에 나오는 제자들의 심정이었을 거예요. 예수님은 이 땅에서 제자들과 함께할 시간이 얼마 남지 않았다는 것을 아셨어요. 예수님이 제자들과의 이별을 어떻게 준비하셨는지 성경 이야기를 잘 들어 보세요.

 ## 연대표

마리아가 예수님께
향유를 부었어요

예수님이 성전을
깨끗하게 하셨어요

예수님이 제자들과
마지막 만찬을 하셨어요

예수님이
잡혀가셨어요

연대표에서 지난 성경 이야기들을 가리킨다. 우리는 지금 예수님이 죽으시기 전 일주일에 대해 배우고 있어요. 예수님은 예루살렘으로 가셨어요. 마리아가 예수님께 값비싸고 향기로운 기름을 부었고, **예수님은 마리아가 예수님의 장례를 위해 향유를 부은 것이라고 말씀하셨어요.** 다음으로 예수님은 성전을 깨끗하게 하셨어요. **예수님은 성전을 잘못 사용하는 사람들을**

쫓아내셨어요. 연대표에서 오늘의 성경 이야기를 가리킨다. 오늘 성경 이야기의 제목은 "예수님이 제자들과 마지막 만찬을 하셨어요"예요. 짐작하다시피 예수님이 죽으시기 전에 제자들과 마지막으로 저녁 식사를 하신 이야기예요. 함께 들어 볼까요?

 ## 성경의 초점

오늘 성경 이야기는 최초의 성찬을 다루고 있어요. 이 단원의 '성경의 초점'을 복습해 보아요. **그리스도인은 왜 성찬에 참여하나요? 예수님의 삶과 죽음을 기억하고, 예수님이 다시 오실 때까지 예수님을 선포하기 위해서예요.**

 ## 성경 이야기

마태복음 26장과 요한복음 13장을 펴고, 설교 영상(지도자용 팩)을 보여 주거나 이야기 성경을 들려준다. 발을 씻는 데 필요한 도구(대야, 물, 수건)나 성찬식을 위한 도구(빵, 잔) 등 다양한 소품을 아이들에게 보여 주며 이야기해 본다. 또는 예수님의 행동을 연기하면서 무대를 돌아다닌다. (예: 발을 씻기는 듯 몸을 숙이기, 앉아서 빵을 떼고 잔을 들기 등) 성인 예배의 성찬식을 녹화한 영상을 아이들에게 보여 준 후 무엇을 하고 있는지 이야기 나누고 도입에 적용해 볼 수도 있다.

예수님은 하나님의 아들이세요. 십자가에서 죽음으로써 사람들을 죄에서 구하는 것이 하나님의 계획이라는 것을 알고 계셨지요. 예수님은 곧 고통받고 죽임당하지만, 영원히 죽는 것이 아니라는 사실도 아셨어요. 유월절 만찬을 하는 동안 예수님은 무릎을 꿇고 제자들의 발을 씻기기 시작하셨어요. 베드로는 어떤 반응을 보였나요? 베드로는 예수님이 자기 발을 씻기는 것이 옳지 않다고 생각했어요. 보통 그런 일은 종들이 하는 일이니까요. 하지만 예수님은 제자들의 발을 씻기시며 서로를 사랑하고 겸손하게 섬기는 방법을 보여 주셨어요. 그런 다음 예수님과 제자들은 특별한 식사를 나누었어요. 식사하는 동안 예수님은 새 언약을 세울 것이라고 말씀하셨어요. 마지막 만찬은 예수님이 십자가에 못 박히시기 전에 제자들과 함께하신 유월절 만찬을 말해요. 유월절 식사는 원래 하나님이 하나님의 백성을 이집트 노예 생활에서 구원하신 일을 기억하려고 일 년에 한 번씩 나누는 특별한 식사였어요.

예수님과 제자들이 식사하는 동안 예수님은 유월절 식사에 꼭 있어야 하는 발효시키지 않은 떡과 포도주를 가지고 새로운 것을 기억하도록 가르치셨어요. 떡을 보면서 예수님의 찢긴 몸을 기억하고, 포도주가 든 잔을 보면서 죄 용서를 위해 흘리는 예수님의 피를 기억하라고 말씀하셨지요. 예수님은 제자들에게 예수님이 다시 오실 때까지 사람들이 예수님의 죽음을 기억할 수 있도록 이 식사를 계속하라고 말씀하셨어요(눅 22:19). **예수님이 제자들과 함께하신 마지막 유월절 만찬은 최초의 성찬이었어요.**

 ## 가스펠 링크

이번 단원의 '성경의 초점' 질문과 답은 무엇인가요? **그리스도인은 왜 성찬에 참여하나요? 예수님의 삶과 죽음을 기억하고, 예수님이 다시 오실 때까지 예수님을 선포하기 위해서예요.** 죽음과 부활을 앞둔 예수님은 마지막으로 제자들과 유월절 만찬을 하셨어요. 예수님은 자신의 죽음으로 새 언약을 세울 것이라고 말씀하셨어요. 하나님의 백성은 옛 언약을 어겼지만, 하나님은 그들의 죄를 용서할 새 언약을 주셨어요. 하나님은 하나님의 아들이신 예수님을 믿는 사람들의 죄를 용서하세요. 성찬은 세례와 마찬가지로 자신의 죄를 회개하고 예수님을 구원자로 믿는 사람들이 참여하는 교회 예식의 하나예요.

 ## 복음 초청

성경과 37쪽 복음 초청 가이드를 이용해서 아이들에게 그리스도인이 되는 법을 설명해 준다. 따로 상담해 줄 사람을 정해 주고 궁금한 점이 있으면 물어보도록 격려한다.

이 시간 예수님을 마음에 모시고 싶은 친구는 함께 기도해요.

 ## 찬양

나는 예배합니다

나는 예배합니다 향유 옥합 깨트리며 경배하는 여인처럼
나는 예배합니다 우리 위해 제물 되신 하나님의 어린양
예수님만을 높여 경배합니다
십자가의 죽음 그 사랑의 회복
새 언약을 세운 하나님의 완전한 사랑
온 세상 구원하신 하나님의 계획
사랑과 겸손의 왕 되신 예수 예배합니다
예배합니다 사랑합니다.

 ## 기도

하나님, 하나님의 아들 예수님을 보내 우리를 죄에서 구원해 주셔서 감사합니다. 예수님은 섬김을 받으러 세상에 오신 것이 아니라 섬기러 오셨습니다. 자신의 생명을 십자가에서 내어주심으로 새 언약을 세우신 예수님에게서 가장 위대한 섬김을 봅니다. 우리도 예수님을 본받아서 다른 사람들을 섬기며 살 수 있도록 도와주세요. 예수님의 이름으로 기도합니다. 아멘.

 ## 적용

TIP 설교 도입이나 적용으로 활용하거나 영상을 본 뒤 소그룹으로 나누어 풍성한 대화를 이어 갈 수 있습니다.

마지막 만찬에서 예수님은 자신이 곧 이 세상을 떠나게 될 것을 아시고 제자들에게 말씀하셨어요. 그들이 앞으로 일어날 일에 대비하기를 바라셨지요. 오늘의 영상을 함께 보아요.

적용 예화 영상(지도자용 팩을 보여 준 후, 다음의 질문으로 이야기를 나눈다.

1 나이절은 무엇을 하려고 했나요? 그것은 좋은 계획이었나요?

2 이제는 여러분과 함께 있지 않은 사람들을 어떻게 기억하나요?
(사진을 보거나 그들과의 추억을 이야기하면서)

3 우리는 예수님을 어떻게 기억하나요?

그리스도인은 예수님의 삶과 죽음을 기억하고, 예수님이 다시 오실 때까지 예수님을 선포하기 위해서 성찬에 참여해요. 예수님이 우리를 위해 하신 일을 기억할 때, 우리도 예수님의 섬김을 따라 다른 사람들을 섬길 수 있어요.

가스펠 소그룹
(10~20분)

 나침반

맛있게 외우자

준비물 **1단원 암송**(132쪽), **떡**(빵)

① 아이들을 둥그렇게 앉히고, 1단원 암송을 보여 주며 누가복음 4장 18절을 읽게 한다.

② 아이들에게 옆으로 한 명씩 돌아가며 떡을 떼어 먹고 암송 구절을 한 어절씩 말하라고 한다.

③ 한 어절을 말하고 나면, 다음 사람이 떡을 떼어 먹으며 두 번째 어절을 말하게 한다.

④ 암송 구절을 다 말할 때까지 떡을 떼어 먹으며 말하기를 계속한다.

TIP 암송 구절을 잘 말하지 못하면 다른 사람이 도와주게 한다. 정해진 시간 안에서 놀이를 반복한다.

1단원 암송 구절은 예수님이 읽으신 이사야 선지자의 글이에요. 예수님은 하나님이 보내겠다고 약속하신 메시아가 바로 자신이라고 가르치셨어요. 하나님의 말씀을 외우는 일은 하나님이 어떤 분인지, 그리고 우리가 어떤 사람인지 기억하는 데 도움을 주어요. 아직 외우지 못한 사람도 꼭 외워 보세요.

 보물 지도

예수님이 말씀하셨어요

준비물 **성경**

① 아이들에게 성경을 나누어 주고 요한복음을 펴게 한다.

② 요한복음 다음에 나오는 책 이름을 가능한 한 많이 말해 보라고 한다. (사도행전, 로마서, 고린도전서 등)

③ 아이들에게 요한복음 13장 1~15절을 찾으라고 한다.

④ 질문에 대답할 때, 정답의 근거가 되는 성경의 장과 절을 함께 말하라고 한다.

· 예수님이 자신의 발을 씻겨 주시는 것을 싫어한 제자는 누구인가요?

베드로 (요 13:8)

· 예수님은 왜 제자들의 발을 씻겨 주셨나요?

다른 사람을 섬기는 본을 보여 주시려고 (요 13:14~15)

⑤ 마태복음 26장 26~30절을 찾아 다음의 질문에 답해 보라고 한다.

· 예수님은 떡과 포도주가 든 잔이 무엇을 나타낸다고 말씀하셨나요?

예수님의 몸과 피 (마 26:26~28)

⑥ 다음의 질문으로 아이들과 함께 이야기를 나눈다.

(참고 : 하나님의 백성은 언약을 지키지 않았다. 하나님은 새 언약을 맺으시기 위해 예수님을 이 땅에 보내셨다. 예수님은 우리의 죄를 지고 십자가에서 죽으심으로 우리가 용서받게 하셨고 사람들이 다시 하나님을 알고 사랑할 수 있는 길을 열어 주셨다.)

· 예수님은 왜 새 언약을 맺으셨나요? 옛 언약은 어떻게 되었나요?

· 우리는 왜 기쁜 마음으로 서로 섬겨야 하나요?

· 여러분은 이번 주에 누구를 섬길 수 있을까요?

 탐험하기

성찬의 비밀

준비물 **학생용 교재 12쪽, 연필**

① 암호를 풀어 성찬에서 중요한 2가지를 찾으라고 한다.

② 그것들이 각각 무엇을 의미하는지 물어본다.

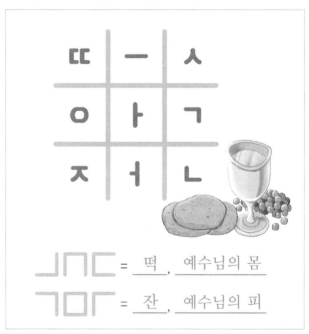

= 떡, 예수님의 몸

= 잔, 예수님의 피

예수님은 제자들과 함께 특별한 식사를 하셨어요. **예수님이 제자들과 함께하신 마지막 유월절 만찬은 최초의 성찬이었어요.** 예수님과 제자들은 떡과 포도주를 나누었어요. 떡은 예수님의 몸을, 잔에 담긴 포도주는 우리의 죄를 없애기 위해 십자가에서 흘리신 예수님의 피를 상징해요. 그래서 우리는 오늘날에도 성찬을 나누며 예수님이 십자가에서 죽으심으로 우리의 죄를 대신 없애 주시고 다시 살아나셨음을 기억해요. 그리고 예수님이 행하신 일을 믿는 사람은 누구든지 구원을 얻는다는 새 언약을 믿으며 예수님을 기념해요.

예수님을 기억해요

준비물 학생용 교재 13쪽, 연필

성경의 초점의 답을 따라 선을 긋고, 글자를 모아 답을 완성하게 한다.

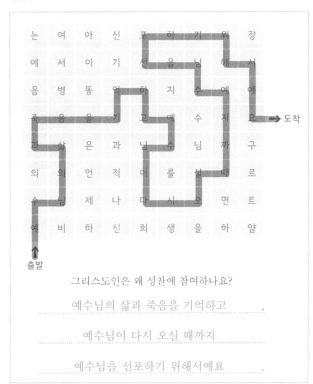

그리스도인은 왜 성찬에 참여하나요?

예수님의 삶과 죽음을 기억하고   ,

예수님이 다시 오실 때까지

예수님을 선포하기 위해서예요   .

이스라엘 사람들은 하나님이 하나님의 백성을 이집트 노예 생활에서 구원하신 것을 기억하려고 일 년에 한 번씩 유월절에 특별한 식사를 나누었어요. 예수님과 제자들은 유월절에 최초의 성찬을 나누었어요. 식사하는 동안 예수님은 예수님의 죽음과 부활을 통해 죄를 용서받고 구원을 얻을 수 있는 새 언약을 세우셨어요. **예수님이 제자들과 함께하신 마지막 유월절 만찬은 최초의 성찬이었어요.** 우리는 떡을 보면서 예수님의 찢긴 몸을 기억하고, 포도주가 든 잔을 보면서 죄 용서를 위해 흘리는 예수님의 피를 기억하기 위해 성찬을 계속 나누어요. 예수님이 다시 오실 때까지 말이에요.

퍼즐 뒤집어 맞추기 ★

준비물 '1단원 암송'(지도자용 팩), A4 사이즈의 포스터 보드, 가위

① 지도자용 팩에서 '1단원 암송'을 출력해 여러 조각으로 잘라 퍼즐

로 만들어 둔다.

② 아이들에게 퍼즐의 뒷면이 위로 오도록 뒤집어 포스터 보드 위에서 퍼즐을 맞추어 보라고 한다.

③ 퍼즐을 완성하면 포스터 보드를 조심스럽게 뒤집어서 퍼즐 앞면이 나오게 한다.

④ 퍼즐을 뒤집어 놓고 맞추는 것이 왜 더 어려운지 물어본다.

⑤ 구약성경 시대의 사람들은 퍼즐의 그림을 모르고 맞추는 것처럼 하나님이 하시는 일을 잘 알지 못했다고 말해 준다. 죄를 용서받기 위해 제물로 드렸던 유월절 어린양이 사실은 진짜 양보다 더 큰 제물이며, 하나님의 아들 예수님을 가리킨다는 사실을 알지 못했다고 이야기해 준다.

구약성경에 나오는 성경 이야기들은 예수님이 바로 하나님의 계획이었다는 사실을 알 때 훨씬 잘 이해할 수 있어요. 해마다 유대인들은 하나님이 이집트의 노예 생활에서 구원하신 것을 기억하기 위해 유월절 식사를 했어요. **예수님이 제자들과 함께하신 마지막 유월절 만찬은 최초의 성찬이었어요.** 이제 제자들은 성찬을 통해 하나님이 예수님을 통해 자기 백성을 어떻게 죄에서 구원하셨는지를 기억하게 될 거예요. **그리스도인은 왜 성찬에 참여하나요? 예수님의 삶과 죽음을 기억하고, 예수님이 다시 오실 때까지 예수님을 선포하기 위해서예요.**

기억하고 움직여요! ★

준비물 식사 도구 5개(잔, 포크, 접시, 숟가락, 냅킨 등)

① 아이들을 한 줄로 나란히 세운다. 몸을 움직일 수 있도록 간격을 주게 한다.

② 물건 5개를 보여 주며, 물건마다 정해진 행동을 알려 주고 따라 하게 한다.

예) 포도주-손뼉을 3번 친다, 접시-발을 3번 구른다, 포크-팔을 흔든다, 숟가락-팔 벌려 뛰기를 한다, 냅킨-뒤로 돈다.

③ 인도자가 무작위로 물건을 하나씩 들어 올리며 물건에 해당하는 행동을 하게 한다.

④ 정해진 시간 안에서 물건을 보여 주는 속도와 순서를 다양하게 바꾸며 놀이를 계속한다.

유월절 식사를 할 때 유대인들은 특별한 음식을 먹고 마시면서 하나님이 백성을 이집트에서 구해 내신 첫 번째 유

월절을 기억했어요. 하나님은 그들을 노예 생활에서 건져 내셨고 자유로운 새 삶을 주셨어요. **예수님이 제자들과 함께하신 마지막 유월절 만찬은 최초의 성찬이었어요.** 이것은 예수님이 십자가에서 죽으시기 전에 제자들과 함께하신 마지막 만찬이기도 했어요. 예수님은 사람들을 죄에서 구원해 예수님과 함께하는 자유로운 새 삶을 살게 하려고 십자가에서 죽으셨어요. **그리스도인은 왜 성찬에 참여하나요? 예수님의 삶과 죽음을 기억하고, 예수님이 다시 오실 때까지 예수님을 선포하기 위해서예요.**

 ## 보물 상자

나만의 기록장

준비물 학생용 교재 14쪽, 연필

아이들에게 다음 질문에 대해 생각하고 글로 써 보라고 한다.

이 성경 이야기가 말하고 있는...

· 하나님이나 복음에 관한 사실은?

· 나에 관한 사실은?

· 순종해야 할 하나님의 말씀은?

  그 말씀은 어떻게 하나님께 영광이 되고, 나에게는 유익이 될까요?

· 기억해야 할 하나님의 약속은?

  그 약속은 내가 하나님을 믿고 사랑하는 데 어떤 도움이 되나요?

메시지 카드

이번 주 메시지 카드로 부모님과 함께 오늘 배운 성경 이야기를 나누어 보라고 한다.

기도

하나님, 예수님을 통해 우리를 구원하시고 영원히 자유롭게 해 주셔서 감사합니다. 제자들과 나누셨던 첫 번째 성찬을 배우며 예수님의 찢긴 몸과 십자가에서 흘리신 피를 기억합니다. 예수님이 보여 주신 섬김을 따라 우리도 다른 사람들을 섬기며 예수님을 전할 수 있도록 도와주세요. 예수님의 이름으로 기도합니다. 아멘.

'나를 위한 하나님의 멋진 계획'

'복음'이라는 말을 들어 본 적 있니?
복음이란 좋은 소식이라는 뜻이야.
하나님이 우리(너)를 위해 보내 주신
놀라운 선물이지.

하나님은 세상을 만드셨단다

하나님은 온 세상을 만드셨어.
하늘, 땅, 나무, 새…. 그런데 더 놀라운 것은 사람을 만드셨다는 거야. 바로 우리(너)를 하나님이 만드셨어.
그리고 우리(너)를 사랑하신다고 성경은 말해(요 3:16). 그래서 하나님은 우리와 항상 함께 살기를 원하시지(창 1:1; 골 1:16~17; 계 4:11).
예화 내가 정성을 다해 만든 작품이 소중하듯이 하나님이 너를 만드셨기 때문에 네가 매우 소중한 거야.

사람들은 죄를 짓고 하나님을 떠났어

모두 죄를 지었다고 성경은 말해(롬 3:23).
죄는 하나님께 불순종해 하나님이 기뻐하시지 않는 말이나 행동을 하는 거야(욕심, 거짓말, 싸움 등).
하나님은 거룩하신 분이기 때문에 죄를 가진 우리는 하나님과 함께 살 수 없게 되었단다.
사람들은 죄 때문에 하나님과 멀어져 결국 죽을 수밖에 없는 벌을 받게 되었어(롬 6:23).

하나님은 구원 계획을 갖고 계시단다

하나님은 우리(너)를 너무 사랑하셔서 우리(너)가 하나님과 함께 살기를 원하셔. 그래서 대신 벌을 받기로 계획하셨어.
죄가 없으신 하나님의 아들 예수님을 이 땅에 보내서 우리가 받아야 할 죄의 벌을 받지 않도록 구원해 주신 거야. 죄인인 우리는 아무리 노력해도 해결할 수 없거든(요 3:16; 엡 2:8~9).
예화 손이 더러우면 어떻게 해야 깨끗해질까? 물로 씻어야겠지? 그런데 거짓말을 했을 때 물로 씻는다고 깨끗해질까?

예수님이 우리에게 생명을 주셨어

예수님은 완전하신 하나님의 아들이시지만 이 세상 사람의 몸으로 태어나셨어.
아무런 잘못이 없으시지만 너의 죄를 용서해 주시기 위해 십자가에서 죽으셨어(히 9:22). 그리고 3일 만에 다시 살아나셨어. 우리를 사랑하시는 하나님이 우리가 하나님과 함께 영원히 살 수 있는 길을 만드신 것이지. 이것이 우리를 위해 계획하신 최고의 선물이야(롬 5:8; 고후 5:21; 벧전 3:18)!

예수님! 우리 마음에 오세요!

성경은 영접하는 자 곧 그 이름을 믿는 자는 하나님의 자녀가 된다고 말했어(요 1:12; 롬 10:9~10, 13).
'영접'은 손님이 문밖에서 두드리면 문을 열고 안으로 모시듯이 예수님을 "제 마음에 들어오세요" 하고 맞이하는 거야.
'믿는다'라는 것은 예수님이 나의 죄를 대신해 십자가에 죽으시고 다시 살아나셨음을 진심으로 믿는다는 뜻이야.

너는 이 예수님을 마음에 모셔 들이기를 원하니? 네.
예수님은 어떤 분이시지? 우리의 죄를 위해 십자가에 죽으시고 다시 살아나신 분이셔. 그것을 진심으로 믿을 수 있겠니? 네.
그럼 선생님을 따라서 기도할 수 있겠니? 네.

영접 기도
사랑하는 예수님, 저는 죄를 지었어요.
저의 죄 때문에 예수님이 십자가에 죽으시고 다시 살아나셨음을 믿어요. 지금 제 마음에 들어오셔서 저의 주님이 되어 주세요.
예수님의 이름으로 기도합니다. 아멘.

구원의 확신
너는 누구의 자녀가 되었지? 하나님이요.
"영접하는 ○○, 곧 그 이름을 믿는 ○○에게는 하나님의 자녀가 되는 권세를 주셨으니"(요 1:12)
이제 ○○는 하나님의 자녀가 되었다고 하나님이 말씀에서 약속하셨어. 하나님의 자녀가 되었으니 다시는 싸우거나 욕심 부리는 죄를 짓지 않을 수 있을까? 아니요.
그러면 예수님이 너의 마음에서 떠나실까? "내가 결코 너를 떠나지도 않고 버리지도 않겠다"(히브리서 13장 5절을 읽게 한다).
그래, 너의 마음속에 오신 예수님은 너를 떠나지도 버리지도 않으셔. 항상 너와 함께 계시면서 네가 옳은 일을 할 수 있도록 힘과 용기를 주신단다.

4
예수님이
잡혀가셨어요

마 26:36~27:2

예루살렘에 있던 바리새인들과 유대인들은 예수님이 마음에 들지 않았습니다. 예수님이 그들의 규칙을 따르지도 않고(마 12:1~14 참조), 자기가 하나님이라고 주장하며(요 8:58~59, 10:22~33 참조), 유대인이 아닌 이방인에게까지 구원을 확장했기 때문입니다(눅 4:18 참조). 그래서 그들은 어떻게 예수님을 죽일 수 있을지 음모를 꾸몄습니다.

예수님을 죽음으로 이끈 일련의 사건 속에서도 예수님은 놀라지 않으셨습니다. 이 모든 과정은 하나님이 정하신 계획의 일부에 불과했습니다(사 53:10; 행 2:23 참조). 하지만 하나님의 계획이 무엇인지 안다고 해서 친구에게 배반당하고, 잡혀가며, 억울한 죄명으로 고소당하고, 매를 맞는 예수님의 고통이 줄어들지는 않았습니다. 이 사건에서 주목할 점은 다음과 같습니다.

첫째, 예수님은 하나님의 계획을 따르기 원하셨습니다. 예수님은 사람들을 죄에서 구하려고 이 땅에 오셨습니다. 오로지 아버지의 뜻을 행하는 데 전념하셨습니다(마 26:39, 42 참조). 유다가 무리를 이끌고 나타났을 때도 예수님은 달아나지 않으셨습니다. 베드로가 예수님을 보호하려고 막아서는 것조차 허락하지 않으셨습니다(마 26:52 참조). 우리를 사랑하시는 예수님은 우리를 위해 자신을 기꺼이 내어주셨습니다(엡 5:2 참조).

둘째, 예수님은 아무 잘못 없이 배반당하고 잡혀가셨습니다. 유대인들은 예수님을 죽일 합법적인 이유를 찾으려고 애썼지만 하나도 찾지 못했습니다(마 26:59~60 참조). 예수님은 우리가 하지 못한 일을 해내셨습니다. 율법에 완벽하게 순종하신 것입니다. 예수님의 체포는 정당하지 않았습니다. 재판도 공정하지 않았습니다. 하지만 반드시 일어나야 하는 일이었습니다. 오직 죄 없고 완전한 제물만이 우리의 모든 죄를 대신 짊어질 수 있기 때문입니다(히 9:11~14 참조).

마지막으로 예수님이 자신에 대해 하신 말씀은 모두 진실이었습니다. 예수님이 잡히신 후에 대제사장은 예수님에게 하나님의 아들이 맞는지 물었습니다. 예수님은 그렇다고 말씀하셨습니다(마 26:64 참조). 대제사장은 신성 모독이라는 혐의를 씌웠지만 예수님은 언제나 진실만 말씀하셨습니다.

주 제

예수님이 배반당하고 잡혀가셨어요.

가스펠 링크

제자들은 예수님을 배반했고, 예수님은 잡혀가 재판을 받으셨어요. 예수님은 세상을 구원하기 위해 하나님 아버지의 계획에 끝까지 순종하셨어요.

●● 티칭 포인트

아이들에게 예수님이 잡혀가신 이야기를 들려줄 때, 각 사건의 심각성을 아이들이 이해할 수 있도록 도와주십시오. 예수님은 배반의 아픔과 눈앞에 닥친 고난, 그리고 죽음으로 인해 깊은 고통을 느끼셨습니다. 그럼에도 불구하고 세상을 구원하시려는 아버지의 계획을 이루기 위해 기꺼이 순종하셨습니다.

예수님이 잡혀가셨어요 마 26:36~27:2

예수님은 제자들과 함께 겟세마네라는 곳으로 가셨어요. 그리고 제자들에게 "내가 저기 가서 기도하는 동안 여기 앉아 있어라"라고 말씀하셨어요. 예수님은 몹시 슬퍼하고 괴로워하셨어요. 예수님은 조금 떨어진 곳에 가서서 얼굴을 땅에 대고 이렇게 기도하셨어요. "나의 아버지! 하실 수 있다면 이 일이 제게서 지나가게 해 주십시오. 하지만 아버지의 뜻대로 하시길 원합니다."

예수님이 돌아오셔서 제자들이 잠들어 있는 모습을 보셨어요. 베드로에게 "나와 함께 한 시간도 깨어 있지 못하겠느냐?"라고 말씀하셨어요. 예수님은 두 번 더 따로 가서서 기도하셨어요. 하지만 돌아오실 때마다 제자들은 자고 있었어요. 예수님은 "아직도 자고 있느냐? 이제 때가 되었다. 일어나 가자. 나를 넘겨줄 사람이 오고 있다"라고 말씀하셨어요.

그때 유다가 다가왔어요. 칼과 몽둥이를 든 많은 사람을 데리고 말이에요. 유다는 함께 온 사람들에게 누가 예수님인지 알려 주려고 예수님에게 입을 맞추었어요. 사람들이 예수님을 붙잡았어요. 베드로가 칼을 뽑아 싸우려고 했지만 예수님은 칼을 거두라고 하셨어요. 그리고 "이 모든 것이 하나님이 계획하신 일이 아니냐?"라고 말씀하셨어요. 예수님을 따르던 사람들은 예수님을 버리고 도망갔어요. 하지만 베드로는 멀리 떨어져 따라가며 예수님을 지켜보았어요.

사람들이 예수님을 붙잡아 대제사장 가야바의 집으로 끌고 갔어요. 종교 지도자들은 예수님을 죽일 이유를 찾으려고 애썼지만 찾을 수 없었어요. 대제사장이 예수님에게 "아무 말도 안 할 작정이냐? 네가 그리스도(메시아), 곧 하나님의 아들이냐?"라고 물었

어요. 예수님은 "그렇다, 네 말이 옳다"라고 대답하셨어요.

그러자 대제사장이 말했어요. "아하! 이 자가 하나님을 모독하는구나!" 가야바와 종교 지도자들은 예수님이 하나님의 아들이라는 사실을 믿고 싶지 않았어요. 그들은 예수님이 거짓말을 한다고 말했지만, 예수님은 진실을 말하고 계셨어요! 사람들은 "이 사람은 죽어야 한다!"라고 말하면서 예수님의 얼굴에 침을 뱉고 뺨을 때렸어요.

대제사장의 집에서 일하는 한 종이 베드로를 보고 말했어요. "당신도 예수의 제자이지요?" 그러자 베드로는 "나는 그 사람을 모르오!"라고 대답했어요. 예수님이 당하시는 일을 지켜보는 동안 사람들이 2번이나 더 베드로에게 혹시 예수님과 함께 있던 사람이 아니냐고 물었어요. 그때마다 베드로는 예수님을 모른다고 대답했어요.

다음 날 아침 종교 지도자들은 예수님을 죽이기로 했어요. 그리고 예수님을 로마의 총독 빌라도에게 데려갔어요.

●● 가스펠 링크

예수님은 자신의 죽음이 사람들을 죄에서 구하려는 하나님의 계획이라는 것을 아셨어요. 제자들은 예수님을 배반했고, 예수님은 잡혀가 재판을 받으셨어요. 예수님은 세상을 구원하기 위해 하나님 아버지의 계획에 끝까지 순종하셨어요.

가스펠 준비
(10~20분)

 환영

도착하는 아이들을 반갑게 맞이하고 헌금, 출석, QT 등을 확인하며 격려한다. 새 친구가 있다면 소개한다. 편안한 분위기에서 안부를 물으며 오늘의 말씀과 관련된 화제로 이야기를 나눈다. 부모님이 하기 싫은 일을 시키신 적이 있는지 물어본다. 자발적으로 대화에 참여하도록 이끈다.

예) "부모님이 하기 싫은 일을 시키신 적이 있나요?", "그때 부모님께 뭐라고 대답했나요?", "왜 그렇게 대답했나요?" 등.

━━━ 부모님이 시키시는 일이 항상 즐거운 것은 아니에요. 하지만 그중에는 우리에게 유익하기 때문에 시키시는 것도 있어요. 하나님도 예수님에게 어떤 일을 시키셨어요. 하지만 이 일은 예수님에게 유익한 일이 아니었어요. 예수님이 순종하셨을까요?

 마음 열기

같은 사람을 찾아라! *

① 아이들에게 인도자가 지시한 내용과 일치하는 친구들을 찾아 서로 짝을 지으라고 한다.

예) "태어난 달이 같은 친구를 찾으세요!", "형제자매 수가 같은 친구를 찾으세요!", "같은 색깔 옷을 입은 친구를 찾으세요!" 등.

② 서로 짝을 찾은 아이들은 손을 잡고 자리에 앉으라고 한다.

③ 짝이 된 아이들에게 다음의 질문으로 대화를 나누게 한다.

1 너는 어디에서 기도하는 것을 가장 좋아하니?

2 너는 외로울 때 무엇을 하니?

3 신실하다는 것은 무슨 뜻일까? (믿을 수 있다, 기댈 수 있다)

4 너는 신실하다고 생각하니?

5 예수님은 신실하신 분일까?

━━━ 오늘 성경 이야기에는 예수님이 기도하시는 장면이 나와요. 예수님은 언제나 하나님의 계획을 신실하게 따르셨어요. 예수님이 신실하게 따르셨던 하나님의 계획은 무엇이었을지 오늘의 성경 이야기를 들어 보아요.

거절할 수 없어 *

`준비물` **메모지, 종이봉투, 펜**

① 메모지에 간단하게 할 수 있는 일들을 각각 적은 후 종이봉투에 하나씩 넣어 둔다.

예) 친구의 신발 끈 묶어 주기, 친구와 ABC 노래 부르기, 두 사람과 하이파이브 하기, 제자리에서 3번 돌고 자리에 앉기, '예수 사랑하심' 찬양 부르기, 팔 벌려 뛰기 3번 하기, 10에서 1까지 거꾸로 세기 등.

② 아이들에게 봉투에서 종이를 하나씩 뽑고, 종이에 적힌 대로 행동하라고 한다.

━━━ 종이에 적힌 지시들을 모두 잘 따라 했어요. 예수님은 하나님이 원하시는 일을 하기 싫었던 적이 있을까요? 예수님은 하나님의 계획을 따르기를 거절한 적이 한 번도 없으세요. 언제나 하나님의 계획을 이루고 싶어 하셨지요. 예수님은 언제나 죄에 대해서는 '아니오'라고 하고, 하나님께는 '예'라고 하셨어요. 오늘 성경 이야기 속에서 예수님은 하나님의 계획을 이루기 위해 어떤 일을 하셨을까요?

교사를 위한 기록장 이 과를 준비하면서 깨닫게 된 묵상을 정리해 보세요.

· 하나님이나 나에 대해 새롭게 알게 된 것은?

· 기억해야 할 하나님의 말씀은?

· 아이들에게 전하고 싶은 메시지는?

가스펠 설교
(15~30분)

 들어가기

`준비물` 단색 티셔츠, 야구 모자, 상자 여러 개, 성경

인도자가 티셔츠를 입고, 야구 모자를 쓰고 들어온다. 무대 중앙에 있는 상자들을 옆으로 옮긴다. 상자를 거의 다 치우고 몇 개만 남긴다. 우와, 이 방 좀 보세요! 이삿짐 상자를 치우고 나니 훨씬 넓어 보여요. 트럭에 실을 상자가 몇 개 남긴 했지만 시간이 얼마 안 걸릴 것 같아요. 지난 몇 주간 저와 함께해 주셔서 고마워요. 짐 싸는 일은 이제 거의 끝났어요. 상자에서 성경을 꺼낸다. 걱정하지 마세요. 아직 여러분에게 들려줄 이야기가 하나 남아 있으니까요. 오늘 성경 이야기는 어떤 분의 삶이 끝나가는 이야기예요. 바로 예수님의 삶이지요.

연대표

마리아가 예수님께
향유를 부었어요

예수님이 성전을
깨끗하게 하셨어요

예수님이 제자들과
마지막 만찬을 하셨어요

예수님이
잡혀가셨어요

우리는 예수님이 죽으시기 전 일주일에 대해 배우고 있어요. 연대표에서 지난 성경 이야기들을 가리킨다. 마리아가 예수님께 향유를 부은 이야기, 예수님이 성전에서 돈 바꾸는 사람들과 가축을 사고파는 사람들을 쫓아내신 이야기 그리고 제자들과 마지막 만찬을 하신 이야기를 들었어요. 예수님은 이 땅에서 약 30년을 사셨어요. 이제 죄인들을 구원하려는 하나님의 계획을 실행에 옮길 때가 되었어요. 하나님은 예수님을 죽이려는 사람들의 악한 행동을 사람들을 위해 가장 선한 일을 이루는 데 사용하셨어요. 예수님에게 일어난 일은 너무나 불공평해 보이지만 반드시 일어나야 하는 일이었지요. 연대표에서 오늘의 성경 이야기를 가리킨다. 오늘의 성경 이야기 "예수님

이 잡혀가셨어요"를 잘 들어 보세요.

성경의 초점

지난 성경 이야기에서 예수님과 제자들은 유월절 만찬을 나누었어요. 최초의 성찬이었지요. **그리스도인은 왜 성찬에 참여하나요? 예수님의 삶과 죽음을 기억하고, 예수님이 다시 오실 때까지 예수님을 선포하기 위해서예요.** 예수님이 제자들에게 떡과 포도주를 주신 것 기억하나요? 떡은 십자가에서 찢긴 예수님의 몸을 나타내고, 포도주는 십자가에서 흘린 예수님의 피를 상징해요.

성경 이야기

마태복음 26장을 펴고, 설교 영상(지도자용 팩)을 보여 주거나 이야기 성경을 들려준다. 적절한 순간에 이야기를 잠시 멈추어 극의 긴장감을 높인다. (예 : 예수님이 기도하신 후, 유다가 나타나기 전. 베드로가 예수님을 모른다고 대답하기 전 등) 또는 무대 한쪽을 동산으로 설정하고 조명을 어둡게 한 상태에서 조용히 이야기한다. 다른 한쪽은 가야바의 집으로 설정하고 조명을 밝게 한 상태에서 큰 목소리로 이야기한다.

예수님은 제자들과 함께 겟세마네라는 동산에 기도하러 가셨어요. 예수님은 이제 곧 무슨 일이 일어날지 알고 계셨지요. 자신이 세상의 구원자가 되는 것이 하나님의 뜻이며, 그러기 위해서는 반드시 십자가에서 죽어야 한다는 사실을 말이에요. 예수님은 "싫습니다. 하지 않겠습니다"라고 말씀하실 수도 있었어요. 하지만 그렇게 하지 않으셨어요. "다른 방법이 있다면 이 일을 피할 수 있게 해 주십시오. 하지만 아버지의 뜻에 따르길 원합니다"라고 말씀하셨지요.

다른 방법은 없었어요. 죄인들은 자기 자신을 구원할 수 없기 때문이에요. 죄는 사람들을 하나님에게서 갈라놓았어요. 성경은 우리가 죄를 지으면 죽어야 한다고 말해요. 하나님은 우리를 죽음으로 벌하실 수 있었어요. 하지만 우리를 사랑하시는 하나님은 하나뿐인 아들 예수님을 세상의 구원자로 보내셨어요.

예수님은 죄를 하나도 짓지 않으셨어요. 종교 지도자들은 예수님을 죽일 이유를 찾으려고 애를 썼지만, 아무런 잘못도 찾

을 수 없었어요. 예수님은 우리를 대신하려고 이 땅에 오셨어요. 우리가 살지 못하는 완전한 삶을 우리 대신 사셨고, 죽고 싶어 하지 않는 우리를 대신해 죽임을 당하셨어요. 예수님은 마치 죄를 지은 사람처럼 잡히셨어요. 예수님은 범죄자가 아니에요. 하나님이 보내겠다고 약속하신 바로 그 메시아에요.

 가스펠 링크

예수님이 배반당하고 잡혀가셨어요. 예수님에게 일어난 일은 공정하지 않았어요. 예수님은 제자들에게 배반당할 분도, 범죄자 취급을 당할 분도 아니셨어요. 잡혀서 죽임을 당할 분은 더더욱 아니셨지요. 하지만 예수님은 자신의 죽음이 사람들을 죄에서 구하려는 하나님의 계획이라는 것을 아셨어요. 그래서 기꺼이 고통받고 죽으셨어요. 그래야 우리가 용서받고 영원한 생명을 얻을 수 있으니까요. 이것이 바로 아무 자격 없는 우리에게 하나님이 베푸시는 은혜에요. 우리는 우리 자신을 구원할 수 없어요. 하지만 구원자이신 예수님을 믿고 그분께 우리의 구원을 맡길 수 있어요.

 복음 초청

성경과 37쪽 복음 초청 가이드를 이용해서 아이들에게 그리스도인이 되는 법을 설명해 준다. 따로 상담해 줄 사람을 정해 주고 궁금한 점이 있으면 물어보도록 격려한다.

이 시간 예수님을 마음에 모시고 싶은 친구는 함께 기도해요.

기도

하나님, 말씀을 통해 예수님이 잡히신 이야기를 듣고 제자들에게 배반당하고 죄인처럼 고초을 겪으신 예수님의 모습을 조용히 떠올려 봅니다. 불순종한 죄인인 우리를 구원하기 위해 하나님 아버지의 계획에 기꺼이 순종하신 예수님으로 인해 감사합니다. 예수님이 우리가 받을 벌을 대신 받으시고, 고통받고 죽으신 일이 우리에게 얼마나 소중한지 깨닫게 해 주세요. 예수님의 이름으로 기도합니다. 아멘.

 적용

TIP 설교 도입이나 적용으로 활용하거나 영상을 본 뒤 소그룹으로 나누어 풍성한 대화를 이어 갈 수 있습니다.

예수님은 아무리 힘들어도 하나님의 계획을 기꺼이 따르셨어요. 만약 예수님이 순종하지 않으셨다면 우리는 어떻게 되었을까요? 이 질문을 생각하며 오늘의 영상을 함께 보아요.

적용 예화 영상(지도자용 팩)을 보여 준 후, 다음의 질문으로 이야기를 나눈다.

1 캔디스는 왜 참여하지 않겠다고 했나요?

2 하기 어렵지만 기꺼이 하려고 하는 일이 있나요? 어떤 것인가요? 왜 그렇게 하나요?

3 우리를 죄에서 구원하기 위해 자기 목숨을 내놓아야 할 때 예수님은 어떻게 하셨나요? 우리는 어떻게 할 수 있나요?

예수님을 따르는 일은 쉽지 않아요. 성경은 그리스도인들이 고난을 받을 것이라고 말해요(마 10:22; 행 14:22; 갈 6:12 참조). 예수님은 하늘의 기쁨이 찾아올 것을 아셨기 때문에 십자가의 고통을 당당하게 마주하셨어요. 우리도 영원한 생명을 주겠다는 예수님의 약속을 믿고 소망하기 때문에 고통이 와도 당당하게 마주할 수 있어요(고후 4:7~18 참조).

가스펠 소그룹
(10~20분)

 나침반

그림을 그리며 외워요

준비물 1단원 암송(132쪽), 종이, 사인펜

① 아이들에게 종이와 사인펜을 나누어 준다.

② 1단원 암송을 보여 주고, 누가복음 4장 18절을 큰 소리로 읽게 한다.

③ 종이에 암송 구절을 쓰고, 암송 구절과 어울리는 그림이나 핵심 단어를 대신하는 그림을 그려 넣어 보라고 한다.

예) '주의 성령' 대신에 비둘기를 그리거나, '보게 함' 대신에 눈을 그려 넣는다.

④ 완성한 그림을 서로 보여 준다.

1단원 암송을 외운 사람 있나요? 아이들에게 암송할 기회를 준다. **예수님이 배반당하고 잡혀가셨어요.** 아무 잘못도 없는데 말이에요! 예수님은 이사야가 오래전에 예언한 바로 그 메시아예요. 예수님은 나사렛의 회당에서 가르치실 때 이사야의 글을 읽으셨어요. 이사야는 메시아와 메시아가 할 일에 관해 썼어요. 예수님은 "내가 바로 그 사람이다. 내가 메시아다"라고 말씀하신 거예요. 예수님은 모든 것을 바로잡고 우리를 죄에서 풀어 주려고 이 땅에 오셨어요.

 보물 지도

그렇다, 네 말이 옳다!

준비물 성경

① 아이들에게 성경을 나누어 주고 마태복음을 펴게 한다.

② 신약성경에 복음서가 몇 권 있는지 물어본다. (4권)

③ 마태복음 앞에 나오는 책의 이름은 무엇인지 물어본다. (말라기)

④ 아이들에게 마태복음 26장 36절~27장 2절을 찾으라고 한다.

⑤ 인도자가 읽는 문장이 참이면 예수님처럼 "그렇다, 네 말이 옳다!"라고 말하고, 거짓이면 아무 말도 하지 말라고 한다. 근거가 되는 성경의 장과 절을 함께 말하게 한다.

1️⃣ 예수님은 제자들과 함께 겟세마네라는 동산으로 가셨어요.
참 (마 26:36)

2️⃣ 예수님이 기도하시는 동안 제자들은 함께 깨어 있었어요.
거짓, 잠들어 있었다 (마 26:40~45)

3️⃣ 베드로는 예수님을 잡으러 온 사람들에게 누가 예수님인지 알려 주려고 예수님께 입을 맞추었어요.
거짓, 유다가 입을 맞추었다 (마 26:47~49)

4️⃣ 예수님은 잡히신 후 대제사장에게 끌려가셨어요. 참 (마 26:57)

5️⃣ 베드로는 예수님을 3번이나 모른다고 말했어요. 참 (마 26:70~75)

⑥ 다음의 질문으로 아이들과 함께 이야기를 나눈다.

· 예수님은 왜 기꺼이 하나님의 계획을 따르셨을까요?

· 누군가 여러분에게 왜 예수님을 믿는지 물으면 어떻게 대답할 것인가요?

 탐험하기

내가 만약 예수님이라면

준비물 학생용 교재 16쪽, 색연필, 연필

① 사람들이 예수님을 잡으러 왔을 때 예수님이 어떻게 하셨는지 그림에서 골라 보게 한다.

② 아이들이라면 어떻게 했을지 그림에서 고르거나 직접 그려 보게 한다.

아무런 죄가 없으신 예수님은 우리를 죄에서 구원하려는 하나님의 계획에 순종해 기꺼이 배반당하고, 잡히고, 고난을 겪으셨어요. 십자가에서 우리를 대신해 죽으시는 것만이 우리를 구원할 유일한 방법이었기 때문이에요. 하나님 아버지의 뜻에 순종해 사랑으로 기꺼이 생명을 내어주신 구원자 예수님을 생각하며 찬양해요.

예수님의 마지막 일주일

준비물 학생용 교재 17쪽, 연필

① 예수님이 잡히시기 전 일주일 동안 하신 일들의 순서대로 동그라미 안에 숫자를 써 보라고 한다.

② 예수님이 어떤 일을 하셨는지 함께 이야기해 본다.

────── 예수님은 제자들에게 배반을 당할 만한 분이 아니셨어요. 그는 죄를 지은 범죄자도 아니시고 잡혀 죽임을 당할 분도 아니셨어요. 그러나 예수님은 우리를 구원하기 위해 기꺼이 생명을 내어놓으셨어요. 메시아이신 예수님으로 인해서 우리는 영원한 생명을 얻게 되었어요.

기도의 올리브 나무 *

준비물 '올리브 나무 기도'(지도자용 팩), 연필

① 지도자용 팩에서 '올리브 나무 기도'를 출력해 둔다.

② 아이들에게 '올리브 나무 기도'와 연필을 나누어 주고, 이번 주에 기도해 주고 싶은 사람의 이름을 나뭇잎에 각각 적으라고 한다.

　　예) 하나님의 도움이나 치료가 필요한 가족이나 친구, 고마움을 전하고 싶은 사람, 예수님에 대한 기쁜 소식을 들어야 할 사람 등.

③ '올리브 나무 기도'를 방이나 냉장고 문에 붙여 두고, 한 주간 그 사람들을 위해 기도하라고 말한다.

④ 기도할 때마다 기도한 사람의 이름에 색칠하라고 한다.

⑤ 나뭇잎에 적힌 모든 사람을 위해 기도하도록 격려한다.

────── 제자 중 한 명인 유다가 예수님을 배반했어요. **예수님이 배반당하고 잡혀가셨어요.** 예수님은 억울한 재판을 받으셨지만, 세상을 구원하려는 하나님 아버지의 계획에 순종하셨어요.

예수님을 따르는 일은 쉽지 않아요. 우리는 하나님의 계획을 따를 힘과 용기를 달라고 기도할 수 있어요. 다른 사람들이 예수님을 따르게 해 달라고도 기도할 수 있어요.

보물 상자

나만의 기록장

준비물 학생용 교재 18쪽, 연필

아이들에게 다음 질문에 대해 생각하고 글로 써 보라고 한다.

이 성경 이야기가 말하고 있는...

· 하나님이나 복음에 관한 사실은?

· 나에 관한 사실은?

· 순종해야 할 하나님의 말씀은?

　그 말씀은 어떻게 하나님께 영광이 되고, 나에게는 유익이 될까요?

· 기억해야 할 하나님의 약속은?

　그 약속은 내가 하나님을 믿고 사랑하는 데 어떤 도움이 되나요?

메시지 카드

이번 주 메시지 카드로 부모님과 함께 오늘 배운 성경 이야기를 나누어 보라고 한다.

기도

하나님, 우리를 구원하기 위해 생명을 내어놓기까지 순종하신 예수님으로 인해 감사합니다. 배반당하고, 잡히고, 십자가에서 죽임을 당할 만큼 우리를 사랑하신 예수님의 사랑을 기억합니다. 우리가 어려움을 당하거나 하나님의 계획을 다 이해하지 못할 때에도 선하신 하나님은 언제나 우리를 선한 길로 인도해 주실 것을 믿게 도와주세요. 예수님의 이름으로 기도합니다. 아멘.

2^{단원} 구원자 예수님

예수님은 예루살렘에 오신 지 얼마 되지 않아 가룟 유다의 배반으로 재판을 받으셨습니다. 그리고 십자가에 못 박혀 죽으셨습니다. 그러나 이 이야기의 가장 암울한 순간이 가장 밝게 빛나는 순간이 되었습니다. 예수님이 죽은 자 가운데서 다시 살아나셔서 모든 하나님의 백성에게 죄 용서를 베푸셨기 때문입니다.

예수님이 십자가에서
죽으셨어요

The Gospel Project

예수님이 엠마오로 가는
제자들을 만나셨어요

예수님이
부활하셨어요

🔲 카운트다운 – 구해줘

카운트다운 영상(지도자용 팩)을 틀고 예배 준비 자세
를 취하도록 격려한다. 예배가 시작되는 시간에 영상
이 끝나도록 맞추어 놓는다. 영상이 끝나기 30초 전
에 예배 인도자는 정해진 위치에 서서 조용히 기도하
는 모범을 보인다.

🔲 무대 배경 – 산악 구조

수색과 구조를 위한 베이스캠프처럼 꾸민다. 탁자 위
에 지도를 펼쳐 놓고, 손전등이나 암벽 등반용 밧줄,
안전 장비 등을 놓아둔다. 화면에 '산악 구조' 배경 이
미지(지도자용 팩)를 띄운다.

5

예수님이 십자가에서 죽으셨어요

마 27:11~66

성경의 초점

예수님은 왜 십자가에서 죽으셨나요?
예수님은 우리를 죄에서 구하려고
십자가에서 죽으시고, 부활하셔서
우리가 용서받았다는 것을 보여 주셨어요.

본문 속으로

예수님의 죽음, 장례, 부활은 복음의 핵심입니다. 예수님은 죄인들을 구원하기 위해 하나님이 구약 시대부터 차근차근 진행해 오신 계획을 아무도 예상하지 못한 방법으로 이루셨습니다.

사도행전에서 베드로는 예수님의 죽음에 대해 "그가 하나님께서 정하신 뜻과 미리 아신 대로 내준 바되었거늘 너희가 법 없는 자들의 손을 빌려 못 박아 죽였으나"(행 2:23)라고 증언합니다. 십자가에 못 박히는 것은 죽음의 형벌 중에서도 가장 끔찍한 방법이었습니다.

예수님이 죽으신 이유 중 가장 두드러진 두 가지가 있습니다. 하나님은 사랑이 많으신 분이며 동시에 정의로운 분이라는 점입니다. 첫 번째로 하나님은 사랑이 많으십니다. 하나님이 자기 아들을 보내 세상의 구원자가 되게 하신 것은 우리를 사랑하시기 때문입니다(요 3:16; 롬 5:8; 요일 4:10 참조). 예수님은 아버지의 뜻에 복종하셨습니다. 자신을 낮추고 이 땅에 인간으로 오셔서 자기 생명을 내어놓으셨습니다. 그만큼 우리를 사랑하시기 때문입니다(엡 5:2 참조).

예수님은 우리가 결코 살 수 없는 완벽한 삶을 살아내셨습니다. 그리고 우리가 치러야 할 죄인의 죽음을 택하시고 우리 대신 죽으셨습니다. 이로써 예수님을 믿는 사람은 용서와 영원한 생명을 얻게 되었습니다.

두 번째로 하나님은 정의로우십니다. 하나님이 백성에게 주신 법은 분명했습니다(신 6:5 참조). 하지만 하나님의 백성, 그리고 모든 인간은 그 법을 어겼습니다. 우리는 하나님보다 다른 것을 더 사랑했습니다. 그것이 죄입니다. 그렇다면 예수님은 왜 죽어야 했을까요? 그냥 "네 죄가 용서받았다"라고 말씀만 하실 수는 없었을까요? 하나님은 정의로우시고 죄에 상응하는 대가를 요구하는 분이기 때문입니다. 대가 없이 단순히 죄만 용서하는 것은 정의가 아닙니다.

● ● 티칭 포인트

아이들을 가르칠 때, 예수님이 죽으신 모습을 시각적으로 구체화하는 데 초점을 두지 말고, 예수님이 죽으신 이유를 강조하십시오. 예수님은 우리의 대속물이 되셔서 우리 대신 십자가에 달려 우리가 받을 하나님의 진노를 온몸으로 받으셨습니다. 그래야 우리가 죄를 용서받고 의로운 자로 선포될 수 있기 때문입니다(롬 3:25~26; 골 2:13~15 참조). 예수님은 죄인들을 죄의 종노릇으로부터 풀어 주려고 죽으셨습니다. 예수님을 믿는 사람은 진정으로 자유롭습니다.

주 제

예수님이 우리 죄를 대신 지고 죽으셨어요.

가스펠 링크

예수님은 아무 죄도 짓지 않으셨지만, 우리 대신 죽으셨어요. 예수님이 흘리신 피로 우리의 죄는 단번에 해결되었어요.

예수님이 십자가에서 죽으셨어요 마 27:11~66

예수님이 로마의 총독 빌라도 앞에 서셨어요. 빌라도는 예수님에게 "네가 유대인의 왕이냐?"라고 물었어요. 예수님은 "당신 말이 맞소"라고 대답하셨어요. 종교 지도자들이 예수님을 고발했지만, 예수님은 아무 말도 하지 않으셨어요. 빌라도는 말이 없는 예수님의 모습을 보고 이상하게 여겼어요.

해마다 유월절이 되면 총독은 백성이 원하는 죄수 한 명을 풀어 주었어요. 당시 감옥에는 바라바라고 하는 아주 악명 높은 죄수가 있었어요. 빌라도는 사람들에게 "내가 누구를 풀어 주면 좋겠느냐? 바라바냐, 그리스도라고 하는 예수냐?"라고 물었어요.

사람들이 대답했어요. "바라바요!"

빌라도가 "그러면 그리스도라고 하는 예수는 어떻게 해야 하겠느냐?"라고 묻자, 사람들은 "십자가에 못 박으시오!"라고 대답했어요.

"왜 그러느냐? 그가 무슨 잘못을 저질렀느냐?"라고 빌라도가 물었지만, 사람들은 계속 "십자가에 못 박으시오!"라고 소리 지를 뿐이었어요.

빌라도가 허락하자 군인들이 예수님을 총독의 *관저로 끌고 갔어요. 그들은 예수님의 옷을 벗기고 자주색 겉옷을 입힌 후, 가시로 왕관을 만들어 예수님의 머리에 씌웠어요. 그리고 예수님을 때리며 조롱했어요. "유대인의 왕, 만세!"라고 말하면서 말이에요.

군인들은 예수님을 십자가에 못 박았어요. 그런 다음 예수님의 옷을 누가 가질지 제비를 뽑았지요. 그들은 예수님이 달리신 십자가 위에 '유대인의 왕, 나사렛 예수'라고 쓴 죄패를 붙였어요. 예수님의 양 옆에는 두 강도가 십자가에 달렸어요.

사람들은 십자가에 달리신 예수님을 보고 조롱했어요. "이 사람이 남은 구하면서 자기 자신은 구하지 못하는구나!"

하늘이 어두워지기 시작하더니 정오부터 오후 3시까지 어둠이 땅을 덮었어요. 예수님이 큰 소리로 외치셨어요. "나의 하나님, 나의 하나님, 어찌하여 나를 버리셨습니까?" 예수님은 다시 큰 소리로 "다 이루었다!"라고 외치신 후 숨을 거두셨어요.

갑자기 성전 휘장이 위에서 아래까지 두 쪽으로 찢어지고, 지진이 일어났어요. 십자가 옆에서 예수님의 모습을 지켜본 군인들은 "이분은 참으로 하나님의 아들이셨다!"라고 말했어요.

요셉이라는 한 부자가 예수님의 시신을 가져다가 바위를 뚫어 만든 새 무덤에 두고, 큰 돌을 굴려 무덤의 입구를 막았어요. 로마 군인들은 아무도 예수님의 시신을 훔쳐 가지 못하도록 무덤을 단단히 지켰어요.

●● 가스펠 링크

하나님은 죄로 인해 죽을 수밖에 없는 우리를 위해 구원자를 보내겠다는 약속을 지키셨어요. 예수님은 아무 죄도 짓지 않으셨지만, 우리 대신 죽으셨어요. 예수님은 희생 제물이 되셨어요. 예수님이 흘리신 피로 우리의 죄는 단번에 해결되었어요. 그리고 3일 만에 죽은 자 가운데서 다시 살아나셨어요. 예수님을 믿는 사람은 죄를 용서받고 영원한 생명을 얻어요.

*관저: 높은 관리가 쓰는 집이나 건물

가스펠 준비
(10~20분)

 환영

도착하는 아이들을 반갑게 맞이하고 헌금, 출석, QT 등을 확인하며 격려한다. 새 친구가 있다면 소개한다. 편안한 분위기에서 안부를 물으며 오늘의 말씀과 관련된 화제로 이야기를 나눈다. 아이들에게 일주일 후에 무엇을 할 계획인지 물어본다. 자발적으로 대화에 참여하도록 이끈다.

예) "날마다 계획을 세우나요?", "일주일 후의 계획을 세웠나요?", "다음 주 일요일 아침에는 무엇을 먹을 건가요?", "다음 주에는 누구를 만날 건가요?" 등.

▬▬ 일주일 후의 하루하루를 세세하게 계획하고, 계획한 그대로 사는 사람은 없을 거예요. 하지만 오늘 성경 이야기에서 예수님은 어느 날에 어떤 일이 일어날지 모두 아셨어요.

 마음 열기

사람들이 선택한 것은? ✱ ▬▬▬▬▬▬▬▬

① 아이들을 2팀으로 나누고, 인도자 양쪽에 팀별로 앉힌다.

② 인도자가 질문하면, 팀별로 상의해 2가지 중 하나를 선택한 후 큰 소리로 외치라고 한다.

예) · 야구가 좋아요? 축구가 좋아요?

· 초콜릿 케이크가 좋아요? 딸기 아이스크림이 좋아요?

· 아침이 좋아요? 저녁이 좋아요?

· 과학이 좋아요? 수학이 좋아요?

· 고양이가 좋아요? 개가 좋아요?

▬▬ 오늘 성경 이야기에 나오는 사람들은 예수님과 바라바라는 범죄자 중 한 명을 선택해야 했어요. 과연 사람들은 누구를 선택했을까요?

뱀 밟기 놀이 ✱ ▬▬▬▬▬▬▬▬

준비물 '뱀'(지도자용 팩), **가위, 접착테이프**

① 지도자용 팩에서 '뱀'을 인원수보다 하나 적게 출력해 오려 둔다.

② 예배실 바닥에 '뱀'을 붙이고, 그 주변에 아이들을 둥그렇게 세운다.

③ 인도자가 신호하면 '뱀' 주위를 빙글빙글 돌다가, 인도자가 "조심해!"라고 말하면 '뱀'을 하나씩 밟고 서야 한다고 말해 준다.

④ '뱀'을 밟지 못한 아이는 원 밖에 나가 앉으라고 한다.

⑤ 놀이를 새로 시작할 때마다 '뱀'을 하나씩 빼며 계속한다.

▬▬ 오늘은 예수님이 십자가에서 죽으신 성경 이야기를 들을 거예요. 그런데 예수님이 십자가에서 죽으신 일과 뱀이 무슨 상관이 있을까요? 창세기 3장에서 죄가 이 세상에 들어온 장면을 기억하나요? 하나님은 뱀의 머리를 상하게 할 아담의 후손을 보내겠다고 약속하셨지요. 하나님은 오래전부터 죄와 죽음을 끝낼 계획을 갖고 계셨어요. 과연 하나님이 이 계획을 어떻게 이루셨는지 함께 알아보기로 해요.

▬▬▬▬▬▬▬▬▬▬▬▬▬▬▬

교사를 위한 기록장 이 과를 준비하면서 깨닫게 된 묵상을 정리해 보세요.

· 하나님이나 나에 대해 새롭게 알게 된 것은?

· 기억해야 할 하나님의 말씀은?

· 아이들에게 전하고 싶은 메시지는?

가스펠 설교
(15~30분)

 ## 들어가기

준비물 배낭, 무전기, 탁자, 등반용 밧줄, 무릎 담요, 성경

인도자가 배낭을 메고, 무전기를 들고 들어온다. 무전기와 배낭을 탁자에 내려놓고, 배낭에서 밧줄과 담요, 성경을 꺼내며 혼잣말을 한다. 밧줄, 체크! 담요, 체크! 성경, 체크! 고무장화! 오, 이런. 뭐 하나 깜빡할 줄 알았다니까.

아이들을 향해 안녕하세요, 여러분. 저는 인도자의 이름이고요, 산악구조대 구조팀 자원봉사자예요. 이 근처 산에서 길을 잃은 등산객이 있다는 소식을 들었는데 상황이 좋지 않아요. 날이 점점 어두워지고 있는데, 야간 구조는 훨씬 어렵거든요. 다행히 한 팀이 먼저 출발했으니 곧 등산객과 연락이 닿을 거예요. 그래서 저는 이곳에서 사람들이 돌아오기를 기다리면서 물품을 정리하고 있어요. 정리할 것이 별로 없어서 다행이에요. 여러분에게 들려줄 성경 이야기가 있거든요. 어떻게 보면 이것도 구조와 관련된 이야기라고 할 수 있겠네요. 잘 들어 보세요. 역사상 가장 위대한 구조 이야기랍니다!

연대표

예수님이
잡혀가셨어요

예수님이
부활하셨어요

예수님이 십자가에서
죽으셨어요

예수님이 엠마오로 가는
제자들을 만나셨어요

지금까지 배운 성경 이야기를 한번 떠올려 보세요. 창세기에서 구약의 선지자들 시대까지, 그리고 복음서가 시작된 때까지 말이에요. 모든 성경 이야기는 사람들을 죄에서 구원하려는 하나님의 계획이라는 하나의 큰 이야기로 설명할 수 있어요. 창세기에서 시작하신 하나님의 약속이 오늘 성경 이야기에서 드디어 이루어져요. 함께 들어 보아요.

성경의 초점

앞으로 몇 주 동안 우리가 생각할 '성경의 초점' 질문은 "**예수님은 왜 십자가에서 죽으셨나요?**"예요. 와! 정말 중요한 질문이네요. 대답은 바로 "**예수님은 우리를 죄에서 구하려고 십자가에서 죽으시고, 부활하셔서 우리가 용서받았다는 것을 보여 주셨어요**"랍니다.

성경 이야기

 마태복음 27장을 펴고, 설교 영상(지도자용 팩)을 보여 주거나 이야기 성경을 들려준다. 자원하는 아이를 2명 뽑아, 각각 바라바와 예수님을 연기하게 한다. 인도자는 두 아이 가운데 혹은 뒤에 서서 예수님이나 바라바가 언급되는 부분이 나올 때마다 왔다 갔다 하며 손으로 해당 인물을 가리킨다. 또는 이야기를 하는 동안 교사가 다른 교사를 예수님으로 분장시키게 한다. (예: 이야기에 맞추어 가시관을 씌우고 자주색 가운을 입히고, '유대 사람의 왕'이라고 쓴 이름표를 들게 한다)

예수님이 우리 죄를 대신 지고 십자가에 못 박혀 **죽으셨어요.** 당시에 십자가에 못 박는 것은 가장 나쁜 죄를 저지른 범죄자들에게 내리던 형벌이었어요. 예수님은 아무 잘못도 저지르지 않으셨지만, 십자가에 못 박히셨어요. 그것이 죄인들을 구하려는 하나님의 계획이었기 때문이에요.

제자들의 기분이 어땠을지 상상해 보세요. 제자들은 예수님이 메시아라고 믿었어요. 예수님이 로마인들을 물리치고 왕국을 세워 그들을 구해 주실 것이라 생각했지요.

예수님은 하나님이 약속하신 구원자였어요. 하지만 죽은 사람이 어떻게 다른 사람을 구할 수 있을까요? 사실 우리는 이것이 이야기의 끝이 아니라는 것을 알고 있어요. 예수님이 잡혀가셨을 때 빌라도 총독의 군인들이 예수님을 놀렸어요. 가시로 관을 만들어 예수님 머리에 씌우고 자주색 가운을 입혔지요. 그리고 '유대인의 왕'이라고 조롱했어요. 하지만 그들은 예수님이 진짜 왕이시고, 이 모든 것이 하나님의 계획이라는 것을 몰랐어요.

온전히 죄인들을 대신할 이는 오직 예수님뿐이에요. 예수님은 우리가 살 수 없는 완전한 삶을 사셨고, 우리를 대신해 죽음이라는 죄의 형벌을 받으셨어요.

가스펠 링크

예수님의 제자들은 아마 모든 희망이 사라졌다고 생각했을 거예요. 예수님은 십자가에 못 박히셨고, 시신은 무덤에 장사되었지요. 하지만 이야기는 여기서 끝나지 않았어요. 예수님은 십자가에서 죽으심으로 우리가 치러야 할 죄의 값을 치르셨어요. 과거와 현재와 미래의 모든 죗값을요. 예수님은 단 한 번의 제사로 영원한 죄 사함을 가져다주는 희생 제물이 되셨어요. 하나님은 예수님의 순종을 기뻐하셨어요. 하나님이 3일 만에 예수님을 죽은 자 가운데서 다시 살리신 것을 보면 알 수 있어요. 예수님을 믿는 사람은 죄를 용서받고 영원한 생명을 얻어요.

복음 초청

성경과 37쪽 복음 초청 가이드를 이용해서 아이들에게 그리스도인이 되는 법을 설명해 준다. 따로 상담해 줄 사람을 정해 주고 궁금한 점이 있으면 물어보도록 격려한다.

이 시간 예수님을 마음에 모시고 싶은 친구는 함께 기도해요.

찬양

사랑의 하나님

부활하신 예수님 믿고 의지하는 사람
용서와 영원한 생명 구원 얻으리
첫 범죄 때부터 우리를 구원하신다고
말씀으로 약속하신 창조주 하나님

하나님 사랑의 하나님
부활 통해 보여 주신 용서 믿음의 선물 주시는 분
하나님 정의의 하나님
정녕 죽을 우리를 살리려 아들을 보내신 분
나의 아버지 나의 아버지 나의 하나님.

기도

하나님, 예수님이 우리를 대신하여 부당하게 십자가에서 겪으신 고통을 생각하면 슬프지만, 한편으로는 우리를 향한 하나님의 사랑이 얼마나 큰지 깨닫게 됩니다. 우리는 하나님의 은혜가 필요한 죄인들입니다. 하나뿐인 아들 예수님을 선물로 주셔서 감사합니다. 하나님이 자격 없는 우리에게 베푸신 은혜를 늘 기억하며, 날마다 감사하고 찬양하며 살 수 있도록 인도해 주세요. 예수님의 이름으로 기도합니다. 아멘.

적용

TIP 설교 도입이나 적용으로 활용하거나 영상을 본 뒤 소그룹으로 나누어 풍성한 대화를 이어 갈 수 있습니다.

다른 사람을 대신해 무언가를 했던 적이 있나요? '대신하다'라는 말은 '어떤 대상의 자리나 구실을 바꾸어 믿는다'는 뜻이에요. 운동 경기에서 '대타'를 내세우는 것처럼 말이에요. 오늘의 영상을 함께 보아요.

적용 예화 영상(지도자용 팩)을 보여 준 후, 다음의 질문으로 이야기를 나눈다.

1 벤저민은 언제 캔디스를 대신해 주려고 했나요?

2 넬이 쓰레기 줍는 것을 도와 달라고 하자 벤저민은 기꺼이 도왔나요?

3 예수님이 우리 대신 하신 일은 무엇인가요? 예수님은 왜 우리를 대신해 그 일을 하셨나요?

예수님은 우리 대신 십자가에서 죽으셨어요. 자기 목숨을 주셨지요. 이렇게 예수님이 죽음으로 우리의 죗값을 대신 치르신 일을 '대속'이라고 해요. 예수님이 우리의 대속물이 되신 거예요. **예수님은 왜 십자가에서 죽으셨나요? 예수님은 우리를 죄에서 구하려고 십자가에서 죽으시고, 부활하셔서 우리가 용서받았다는 것을 보여 주셨어요.**

가스펠 소그룹
(10~20분)

 나침반

단원 암송 익히기

준비물 **2단원 암송(133쪽)**

"너희는 그 은혜에 의하여 믿음으로 말미암아 구원을 받았으니 이것은 너희에게서 난 것이 아니요 하나님의 선물이라 행위에서 난 것이 아니니 이는 누구든지 자랑하지 못하게 함이라"(엡 2:8~9).

① 아이들에게 2단원 암송 구절을 함께 읽으라고 한다.

② 이번에는 인도자가 어절 단위로 나누어 먼저 읽고, 여자아이들이 따라 읽게 한다.

③ 다음에는 인도자가 어절 단위로 나누어 먼저 읽고, 남자아이들이 따라 읽게 한다.

④ 마지막으로 인도자와 아이들이 함께 읽는다.

　　종교 지도자들은 율법을 잘 지키면 하나님이 그들을 받아주실 것이라 생각했어요. 사실 지금도 그렇게 믿는 사람들이 있어요. 하지만 에베소서 2장 8~9절은 우리가 우리 자신을 구원할 수 없다고 말해요. 우리는 하나님의 은혜를 얻을 만큼 선해질 수 없어요. 그래서 예수님이 오신 거예요. 예수님은 우리를 구원할 완벽한 분이세요. 결코 죄를 짓지 않으셨지요. 구원은 자기 노력으로 획득할 수 있는 것이 아니에요. 믿음을 통해서만 주어지는 하나님의 선물이에요.

 보물 지도

질문에 답해 봐!

준비물 **성경, 색인 카드, 펜, 상자**

① 복음서의 내용을 한 문장으로 설명해 보라고 한다. (복음서는 예수님의 삶, 죽음, 그리고 부활에 관한 이야기다)

② 아이들에게 마태복음 27장 11~66절을 찾으라고 한다.

③ 질문에 대답할 때, 정답의 근거가 되는 성경의 장과 절을 함께 말하라고 한다.

　1 사람들은 예수님과 바라바 중 누구를 택했나요?

　　바라바 (마 27:21)

　2 사람들은 빌라도에게 예수님을 어떻게 하라고 말했나요?

　　십자가에 못 박으라고 말했다 (마 27:22)

　3 예수님 옆에 못 박힌 사람은 누구인가요?

　강도 2명 (마 27:38)

　4 예수님은 왜 십자가에서 죽으셨나요? 예수님은 우리를 죄에서 구하려고 십자가에서 죽으시고, 부활하셔서 우리가 용서받았다는 것을 보여 주셨어요

④ 다음의 질문을 색인 카드에 각각 적어 상자에 넣고, 아이들에게 질문 카드를 하나씩 뽑게 한다. 카드에 있는 질문으로 함께 이야기를 나눈다.

· 우리는 왜 우리 자신을 구원할 수 없나요? 왜 예수님의 희생은 우리 죗값을 치르기에 충분했나요? 우리는 죄인이기 때문에 자신을 구원할 수 없지만, 예수님은 아무런 죄가 없기 때문에 우리의 죗값을 치를 대속물이 되실 수 있었다 (갈 1:4 참조)

· 하나님은 우리의 죄를 왜 모른 척할 수 없었나요? 왜 예수님이 죽으셔야만 했나요? 하나님은 거룩하시고 정의로우시기 때문에 하나님이 우리에게 죄에 대한 벌을 내리는 것은 옳은 일이다. 죄에 대한 벌은 죽음이다. 예수님은 우리 죗값을 치르기 위해 죽으셨다 (롬 3:25~26 참조)

· 예수님이 십자가에서 죽으신 일을 보고 하나님이 죄인들을 사랑하신다는 것을 어떻게 알 수 있나요? 하나님은 죄인인 우리가 용서와 영원한 생명을 얻을 수 있도록 자기 아들을 보내 우리 대신 죽게 하셨다 (요일 4:10 참조)

　　교회에서는 부활절 전의 금요일을 예수님이 십자가에 못 박히신 날로 기념해요. 이 날은 몹시 슬픈 날이에요. 이날 예수님은 엄청난 고통을 당하셨지요. 하지만 이날은 죄인들에게 기쁜 날이기도 해요. 사실은 우리가 우리 죄 때문에 죽어야 하는 날이었지만, 예수님이 우리 대신 죗값을 치르셔서 우리가 용서와 영원한 생명을 얻게 되었으니까요.

 탐험하기

가스펠 프로젝트

준비물 **학생용 교재 20쪽, 55쪽 게임 말, 주사위, 가위, 연필**

① 연대표의 빈칸에 지금까지 배운 가스펠 프로젝트의 제목을 쓰게 한다.

② 주사위와 55쪽의 게임 말을 오려 보드 게임을 하게 한다.

　　예수님은 우리의 죗값을 대신 치르기 위해 십자가에서 죽으셨어요. 사람은 누구나 하나님의 법을 어긴 죄를 지었어요. 그래서 죄인인 우리는 우리의 죄를 스스로 없앨 수 없어요. 우리를 사랑하시는 하나님은 예수님을 보내 주셨어요. 예수님은 아무런 죄도 짓지 않으셨지만, 우리를 대신해

죽으심으로 우리를 죄에서 구원해 주셨어요. 이것을 '구속'이라고 해요. 이제 우리는 우리의 노력이 아닌 예수님을 믿는 믿음으로 구원을 받아요. 이처럼 구원받을 자격 없는 우리가 구원받은 것은 하나님이 은혜를 베푸셨기 때문이에요. 예수님이 우리를 위해 행하신 일들에 감사하며 찬양해요.

어요. 예수님을 믿는 사람은 죄를 용서받고 영원한 생명을 얻어요.

예수님이 흘리신 피로

우리의 죄는 단번에 해결되었어요.

위대한 구원 이야기

준비물 학생용 교재 21쪽, 65쪽 '십자가 퍼즐' 스티커, 연필

① 십자가 퍼즐을 완성하면 하나님의 위대한 구원 이야기가 있다고 알려 준다.

② 65쪽의 '십자가 퍼즐' 스티커를 알맞은 자리에 붙이고, 퍼즐에 적힌 단어를 순서대로 써 문장을 완성해 보라고 한다.

③ 완성한 '성경의 초점' 답을 함께 읽는다.

　　예수님의 제자들은 아마 모든 희망이 사라졌다고 생각했을 거예요. 예수님은 머리에 가시관을 쓴 채 십자가에 못 박히셨고, 시신은 무덤에 장사되었지요. 무덤의 입구는 큰 돌로 막혔어요. 우리는 죄 때문에 죽어야 해요. 하지만 예수님은 우리 죄를 영원히 용서하기 위해 희생 제물이 되셔서 우리가 치러야 할 죄의 값을 대신 치르셨어요. 과거와 현재와 미래의 모든 죗값을요. 하지만 이야기는 여기서 끝나지 않아요. 예수님은 3일 만에 죽은 자 가운데서 다시 살아나셨

포로 구출 대작전 *

준비물 마스킹 테이프

① 예배실 한쪽에 마스킹 테이프로 커다란 사각형을 만들고, '감옥'이라고 말해 준다.

② 아이들을 2팀으로 나누고, 각 팀에서 한 명씩 나와 가위바위보를 하게 한다.

③ 가위바위보에서 진 아이는 감옥에 들어가고, 이긴 아이는 상대 팀의 다른 아이와 가위바위보를 한다.

④ 같은 것을 내면 "다 이루었다!"라고 먼저 외친 아이가 자기 팀원 한 명을 감옥에서 구해낼 수 있다고 말해 준다.

⑤ 상대 팀 모두를 먼저 감옥에 보낸 팀이 이긴다.

　　예수님이 십자가에 못 박히셨어요. 예수님의 죽음과 부활로 사람들은 감옥보다 훨씬 더 심한 죄의 고통에서 자유를 얻었어요. 예수님은 우리를 죄에서 구하려고 십자가에서 죽으셨고, 우리가 용서받았다는 것을 보여 주려고 다시 살아나셨어요. 예수님을 믿고 의지할 때 우리는 죄에서 자유를 얻고 영원히 하나님과 함께 살게 되어요.

가스펠 소그룹
(10~20분)

못 박히신 예수님의 손 *

준비물 A4용지, 연필, 빨간색 인주, 화장지, 사인펜

① 아이들에게 손바닥을 종이에 대고 연필로 따라 그리라고 한다.

② 한 손가락 끝에 인주를 묻혀 손바닥 한가운데에 도장을 찍으라고 한다.

③ 사인펜으로 손바닥 아래에 '예수님이 나를 위해 죽으셨어요'라고 쓰게 한다.

　　　　예수님이 우리 죄를 대신 지고 십자가에 못 박혀 **죽으셨어요.** 우리는 죄 때문에 죽어야 했어요. 하지만 우리를 사랑하시는 하나님은 구원자를 보내겠다는 약속을 지키셨어요. 예수님은 아무 죄를 짓지 않으셨지만, 우리 대신 죽으셨어요. 예수님은 우리 죄를 영원히 용서하기 위해 희생 제물이 되셨어요. 그리고 3일 만에 죽은 자 가운데서 다시 살아나셨어요. 예수님을 믿는 사람은 죄를 용서받고 영원한 생명을 얻어요. 이 그림을 집에 가져가 문에 걸어 두고, 볼 때마다 복음을 생각하세요. 예수님이 죄인들을 구하기 위해 이 세상에 오신 일을 말이에요.

 ## 보물 상자

나만의 기록장

준비물 학생용 교재 22쪽, 연필

아이들에게 다음 질문에 대해 생각하고 글로 써 보라고 한다.

이 성경 이야기가 말하고 있는...

· 하나님이나 복음에 관한 사실은?

· 나에 관한 사실은?

· 순종해야 할 하나님의 말씀은?

　그 말씀은 어떻게 하나님께 영광이 되고, 나에게는 유익이 될까요?

· 기억해야 할 하나님의 약속은?

　그 약속은 내가 하나님을 믿고 사랑하는 데 어떤 도움이 되나요?

메시지 카드

이번 주 메시지 카드로 부모님과 함께 오늘 배운 성경 이야기를 나누어 보라고 한다.

기도

하나님, 우리는 죄로 인해 죽어야 할 죄인입니다. 그런 우리를 위해 아들이신 예수님을 보내 죄와 죽음에서 구해 주셔서 감사합니다. 예수님의 사랑과 희생을 기억하며 날마다 하나님께 영광 돌리는 삶을 살도록 도와주세요. 예수님의 이름으로 기도합니다. 아멘.

예측 가능한 흐름이 주는 안정감

저의 하루 일과는 대체로 일정합니다. 아침에 일어나 씻고, 옷을 입고, 일하러 가고, 집에 오고, 저녁을 먹고, 잠을 잡니다. 다음날이면 모든 과정을 그대로 반복합니다.

언젠가 열쇠를 찾느라 애를 먹은 적이 있습니다. 열쇠가 원래 있어야 하는 곳에 있지 않았기 때문입니다. 잃어버렸던 열쇠를 찾은 뒤에 저는 제 일과의 흐름에서 약간 벗어난 것이 열쇠를 잃어버린 원인이었다는 것을 알게 되었습니다. 저는 항상 집에 도착하면 고리에 열쇠를 걸어 둡니다. 필요할 때 열쇠를 찾지 않아도 되도록 말이지요. 그런데 그 흐름이 깨지거나 그 틀에서 벗어난 행동을 하면 열쇠를 잃어버린 것처럼 어처구니없는 일이 일어나는 겁니다. 그렇다면 이 간단한 개념을 소그룹이나 어린이 부서 운영에 어떻게 적용할 수 있을까요?

체계화

어린이 사역을 이끌다 보면 "우리 애들은 체계가 필요해요"라는 말을 많이 듣습니다. 정말 맞는 말입니다. 예배를 포함한 각종 프로그램에서 일정한 순서를 정하는 것도 체계를 세우는 데 도움이 됩니다. 지도자와 교사들이 흐름과 순서를 정해 두면 아이들은 다음 순서를 예측하고 학습을 위한 정서적인 준비를 하게 됩니다.

효율성

아이들이 편안하게 느끼는 순서가 정해져 있을 때 아이들은 안정감을 느끼고, 교육의 효과도 증대되며, 진행도 원활해집니다.

좋은 학습 태도

일관된 순서가 정해져 있으면 좋은 학습 태도를 기르는 데에도 도움이 됩니다. 아이들은 예측이 가능할 때 자신과 교사들이 긍정적인 반응을 할 수 있는 방향으로 행동하려는 경향이 있습니다.

연령 적합성

흐름과 순서를 정할 때는 반드시 아이들의 연령과 학습 성향에 적합한지 고려해야 합니다. 아이에게 너무 어려운 과제를 주면 이 틀은 깨어질 수 있습니다.

그렇다면 어떤 순서를 정해야 할까요? 그것은 부서와 소그룹의 사정에 따라 달라집니다.

소그룹 운영의 한 예를 소개합니다.

▶ 시작할 때 서로 인사를 나누며 출석 확인을 합니다.
▶ 성경을 찾아 펴게 한 뒤, 성경 이야기를 들려줍니다.
▶ 몸을 움직이는 활동을 합니다.
▶ 지면 활동으로 그날 배운 내용을 한 번 더 공부합니다.
▶ 기도로 마무리합니다.

이런 순서의 흐름을 통해 아이들은 매주 소그룹 시간에 무엇을 할 것인지 예측하고, 다음 활동으로 옮겨 가는 것을 자연스럽게 익힙니다. 아이들에게 알맞은 순서를 정해 보십시오. 그러면 아이들과 만난 지 얼마 지나지 않아 무엇을 하라는 지시를 하지 않아도 다음 활동을 준비하는 아이들을 발견할 수 있을 것입니다.

팀 폴라드(Tim Pollard)는
익스플로어더바이블(Explore the Bible) 어린이 팀의 리더로 섬기면서
아이들이 성경을 깊이 파고들 수 있도록 열심히 돕고 있습니다.
튤립그로브침례교회(Tulip Grove Baptist Church)에서
3~6학년 아이들을 가르치고 있습니다.

6 예수님이 부활하셨어요

마 28:1~15; 요 20:1~18

단원 암송

너희는 그 은혜에 의하여 믿음으로
말미암아 구원을 받았으니 이것은
너희에게서 난 것이 아니요 하나님의
선물이라 행위에서 난 것이 아니니 이는
누구든지 자랑하지 못하게 함이라(엡 2:8~9).

성경의 초점

예수님은 왜 십자가에서 죽으셨나요?
예수님은 우리를 죄에서 구하려고
십자가에서 죽으시고, 부활하셔서
우리가 용서받았다는 것을 보여 주셨어요.

예수님이 죽으신 금요일 오후부터 부활하시기 전인 일요일 아침까지는 예수님의 제자들에게 가장 암울한 시간이었을 것입니다. 두려움, 의심, 혼란에 사로잡혔겠지요. 그들의 주님이신 예수님이 죽으셨습니다. 부당하게 체포당하고, 억울하게 고발당했으며 무참히 맞으셨습니다. 심지어 십자가에 못 박혀 잔혹하게 죽임을 당하셨습니다.

그러나 이야기는 거기서 끝나지 않았습니다. 예수님의 시신은 무덤에 안치되었고, 돌로 봉인되었습니다. 보초들은 무덤을 굳게 지키고 있었습니다. 예수님이 죽은 자 가운데서 다시 살아날 것이라고 하셨던 주장(요 2:19~21 참조)을 기억한 유대인들은 사람들이 시신을 훔친 후 예수님이 다시 살아나셨다고 우기지 못하게 하려고 무덤을 지키게 했던 것입니다. 예수님이 정말로 죽은 자 가운데서 다시 살아나셨을 때 그들은 얼마나 놀랐을까요?

요한과 베드로는 빈 무덤을 보았습니다. 예수님은 마리아에게 나타나셨습니다. 제자들은 예수님이 죽은 자 가운데서 다시 살아나셨다고 믿었습니다. 무덤을 지키던 보초들이 뇌물을 받고는 제자들이 예수님의 시신을 훔쳐 갔다고 거짓말을 했지만, 진실은 퍼져 나갔습니다. 제자들이 예수님의 부활을 거짓이라고 생각했다면 복음에 자기 인생을 걸거나 기꺼이 목숨을 내놓지 않았을 것입니다.

그리스도(메시아)가 계속 죽은 상태로 있었다면, 그분의 죽음은 우리의 죽음과 별반 다르지 않았을 것입니다. 인류는 여전히 죄 가운데 죽어 있겠지요. 그러나 하나님은 아들 예수님을 통해 우리가 죄와 죽음에서 승리하게 하셨습니다. 부활은 우리도 언젠가 다시 살아나 변화될 것이라는 소망을 줍니다(롬 6:5, 8:11 참조).

바울은 고린도전서 15장 17절에서 예수님의 부활이 왜 복음의 핵심일 수밖에 없는지 잘 설명합니다. "그리스도께서 다시 살아나신 일이 없으면 너희의 믿음도 헛되고 너희가 여전히 죄 가운데 있을 것이요." 부활은 죄 용서를 위해 기꺼이 희생 제물이 되신 예수님의 순종을 하나님이 기뻐하셨으며, 이제 새로운 언약이 시작되었다는 증거입니다.

●●● 티칭 포인트

아이들에게 예수님이 살아나셨다는 사실을 강조하십시오. 우리는 이 사실을 믿음으로 믿습니다. 오늘날 예수님은 하나님 오른편에 앉으셔서 온 세상의 왕으로 다스리고 계십니다(빌 2:9~10 참조).

주 제

예수님이 죽은 자 가운데서 다시 살아나셨어요.

가스펠 링크

하나님은 희생 제물이 되신 예수님의 순종을 기뻐하셨고, 예수님을 죽은 자 가운데서 다시 살리셔서 온 세상을 다스리는 왕이 되게 하셨어요.

예수님이 부활하셨어요 마 28:1~15; 요 20:1~18

예수님이 돌아가신 지 3일째 되는 날, 막달라 마리아가 예수님의 무덤을 찾아갔어요. 아직 해가 뜨지 않아 어두웠지요. 그런데 마리아가 보니 예수님의 무덤 입구를 막고 있던 큰 돌이 옮겨져 있었어요.

마리아는 시몬 베드로와 요한에게 달려가 말했어요. "사람들이 주님의 시신을 무덤 밖으로 가져다가 어디에 두었는지 모르겠어요."

베드로와 요한은 무덤으로 달려갔어요. 요한이 무덤 안을 들여다보니 예수님의 시신을 쌌던 천이 놓여 있었어요. 뒤따라온 베드로는 무덤 안으로 들어가 천이 놓여 있는 것을 보았어요. 예수님의 머리를 감쌌던 수건은 몸을 쌌던 천에서 조금 떨어진 곳에 개켜져 있었어요. 요한은 예수님이 살아나셨다는 사실을 믿었어요. 베드로와 요한은 집으로 돌아갔어요.

마리아는 무덤 밖에 서서 울고 있었어요. 마리아가 다시 무덤 안을 들여다보니 두 천사가 앉아 있었어요. 천사가 마리아에게 "여인아, 왜 울고 있느냐?"라고 물었어요.

마리아는 "사람들이 우리 주님의 시신을 가져다가 어디 두었는지 모르겠습니다"라고 대답하고는 뒤를 돌아보았어요. 예수님이 그곳에 서 계셨어요. 하지만 마리아는 예수님을 알아보지 못했어요.

예수님이 말씀하셨어요. "여인아, 왜 울고 있느냐? 누구를 찾고 있느냐?"

마리아는 예수님이 동산을 지키는 사람인 줄 알고 "혹시 당신이 예수님을 옮겼다면 어디에 두었는지 말해 주십시오. 그러면 제가 모셔가겠습니다"라고 말했어요.

예수님이 "마리아야" 하고 부르시자, 마리아가 돌아서서 "선생님!"이라고 말했어요.

예수님은 마리아에게 다른 제자들에게 가서 예수님이 곧 아버지께 올라가실 것이라고 전하게 하셨어요. 마리아는 예수님의 말씀대로 제자들에게 가서 "주님을 보았어요!"라고 말하며 예수님이 하신 말씀을 전했어요.

한편, 예수님의 무덤을 지키던 군인들은 종교 지도자들에게 무슨 일이 일어났는지 모두 보고했어요. 지도자들은 함께 모여 의논을 했어요. 그러고는 군인들에게 많은 돈을 주면서 사람들에게 거짓말을 하라고 시켰어요.

"예수의 제자들이 밤에 와서 너희들이 자는 사이에 시신을 훔쳐 갔다고 말해라"라고 했지요. 군인들은 돈을 받고 예수님의 부활에 대해 거짓말을 퍼뜨렸어요.

● ● 가스펠 링크

예수님은 우리 죄 때문에 십자가에서 죽으셨어요. 하지만 예수님은 죽은 채로 계시지 않았어요. 하나님은 희생 제물이 되신 예수님의 순종을 기뻐하셨고, 예수님을 죽은 자 가운데서 다시 살리셔서 온 세상을 다스리는 왕이 되게 하셨어요. 예수님은 우리를 죄에서 구하시고 약속하신 영원한 생명을 주세요.

가스펠 준비
(10~20분)

 환영

도착하는 아이들을 반갑게 맞이하고 헌금, 출석, QT 등을 확인하며 격려한다. 새 친구가 있다면 소개한다. 편안한 분위기에서 안부를 물으며 오늘의 말씀과 관련된 화제로 이야기를 나눈다. 아이들에게 부활에 관해 물어본다. 자발적으로 대화에 참여하도록 이끈다.

예) "부활이란 무엇인가요?", "죽었다 다시 살아나는 것이 가능할까요?" 등.

—— '부활'이라는 단어를 들어보았을 거예요. 부활이란 죽었다가 다시 살아나는 것을 말해요. 소설이나 영화에서 자주 듣는 이야기이지요. 하지만 부활이 실제로 일어났어요. 그동안 배운 성경 이야기에서 죽었다가 다시 살아난 사람은 누구였나요? 아이들의 대답을 기다린다. 오늘은 누가 부활하는지 함께 알아보아요.

 마음 열기

누구를 찾고 있니? *

① 아이들을 자리에서 일으켜 세운다.

② 인도자가 어떤 특징을 설명하고, 설명한 내용에 해당하지 않는 아이들은 제자리에 앉으라고 한다.

　예) "나는 여자아이를 찾고 있어요." (남자아이는 모두 자리에 앉는다.)

　　"나는 빨간색 옷을 입은 사람을 찾고 있어요." (다른 색 옷을 입은 아이들은 모두 자리에 앉는다.)

③ 한 사람만 남을 때까지 다양한 특징을 나열한다.

④ 마지막으로 "나는 마지막 아이의 이름을 찾고 있어요!"라고 말한다.

—— 오늘은 예수님이 십자가에서 죽으신 며칠 뒤의 이야기를 들을 거예요. 막달라 마리아는 예수님의 무덤에 갔어요. 과연 마리아는 예수님의 무덤에서 무엇을 발견했을까요? 오늘 성경 이야기를 들으며 알아보아요.

무덤을 단단히 지켜라! *

`준비물` A4용지, 색종이, 가위, 양면테이프, 작은 선물

① 종이를 인원수만큼 준비하고, 종이 한가운데에 동그라미를 그린다. 색종이를 동그라미와 같은 크기로 잘라 뒷면에 양면테이프를 붙여 둔다.

② 아이들에게 동그라미가 그려진 종이와 동그랗게 오린 색종이를 하나씩 나누어 준다.

③ 인도자가 "무덤 입구를 막아라!"라고 외치면, 눈을 감고 제자리에서 2바퀴를 돈 후 색종이를 종이에 그려진 동그라미에 맞추어 붙이라고 한다.

④ 색종이를 원 안에 가장 정확하게 붙인 아이에게 선물을 준다.

—— 예수님이 십자가에서 죽으신 후 사람들은 바위를 뚫어 만든 무덤 안에 예수님의 시신을 넣고 큰 돌로 입구를 막았어요. 로마 군인들은 아무도 예수님의 시신을 훔쳐 가지 못하도록 무덤을 지키고 있었지요. 오늘 성경 이야기에서 예수님의 무덤을 찾아간 제자들에게 깜짝 놀랄 일이 기다리고 있었어요! 어떤 일이 일어났는지 성경 이야기를 잘 들어 보아요.

교사를 위한 기록장 이 과를 준비하면서 깨닫게 된 묵상을 정리해 보세요.

· 하나님이나 나에 대해 새롭게 알게 된 것은?

· 기억해야 할 하나님의 말씀은?

· 아이들에게 전하고 싶은 메시지는?

가스펠 설교
(15~30분)

들어가기

준비물 배낭, 손전등, 탁자, 작은 프라이팬, 성경

인도자가 배낭을 메고, 손전등을 들고 들어온다. 손전등과 배낭을 탁자에 내려놓고, 배낭에서 프라이팬과 성경을 꺼낸다.

프라이팬, 체크! 성경, 체크! 찜닭…. 오, 이런. 뭐 하나 깜빡할 줄 알았어. 아이들을 바라보며 인사한다. 안녕하세요, 여러분! 만나서 반가워요. 오늘 처음 왔거나 제 이름이 기억나지 않는 사람 있나요? 저는 인도자의 이름이고요, 산악구조대 구조팀 자원봉사자예요. 혹시 찜닭 가져온 사람 있나요? 아이들의 대답을 기다린다. 없다고요? 한숨을 쉰다 구조팀이 긴 훈련을 시작하기 전에 저녁을 준비하려고 했거든요. 찜닭을 가져온 줄 알았는데 배낭에 없지 뭐예요! 피자나 배달시켜야겠어요. 성경을 든다 그나저나 요리할 일이 없어졌으니 여러분이 제일 좋아하는 성경 이야기를 들려줄게요. 이 세상에서 가장 멋지고 흥미진진한 구조 이야기를 말이에요!

 연대표

예수님이 잡혀가셨어요

예수님이 십자가에서 죽으셨어요

예수님이 부활하셨어요

예수님이 엠마오로 가는 제자들을 만나셨어요

연대표에서 지난 성경 이야기를 가리킨다 지난 시간에는 예수님이 십자가에서 죽으신 이야기를 배웠어요. 예수님의 제자들은 혼란스러웠지요. 죽은 사람이 세상을 구할 수는 없는 일이니까요. 하지만 예수님은 이 세상 사람들을 죄에서 구하기 위해 죽으셨어요.

오늘의 성경 이야기는 예수님이 죽으신 후, 그러니까 3일째 되던 날에 일어난 일이에요. 예수님이 죄와 죽음을 이기셨다

는 것을 보여 주는 사건이지요. 연대표에서 오늘의 성경 이야기를 가리킨다 성경 이야기의 제목은 "예수님이 부활하셨어요"예요. 부활이란 죽었다가 다시 살아나는 것을 말해요.

성경의 초점

2단원의 '성경의 초점'이 무엇인지 기억하나요? 함께 말해 보아요. **예수님은 왜 십자가에서 죽으셨나요? 예수님은 우리를 죄에서 구하려고 십자가에서 죽으시고, 부활하셔서 우리가 용서받았다는 것을 보여 주셨어요.**

성경 이야기

마태복음 28장과 요한복음 20장을 펴고, 설교 영상(지도자용 팩)을 보여 주거나 이야기 성경을 들려준다. 아이들이 제자들의 감정을 느낄 만한 부분에서 이야기를 잠시 멈추고 그 감정을 표현하게 해 본다. 또는 아이들이 인물들의 행동을 직접 몸으로 표현하며 적극적으로 이야기에 몰입하게 한다. (예 : 제자리에서 뛰기, 가만히 서 있기, 뒤돌아보기 등) 이야기를 들려주기 전에 표현할 행동을 미리 연습해 보아도 좋다.

정말 믿을 수가 없어요! 제자들이 모든 희망이 사라졌다고 생각한 바로 그때 **예수님이 죽은 자 가운데서 다시 살아나셨어요.** 베드로와 요한은 무덤이 비어 있는 것을 보았어요. 마리아는 빈 무덤을 본 뒤 예수님을 보았고요! 마리아는 제자들에게 살아나신 예수님을 보았다고 말했어요.

무덤이 비어 있는 것을 본 군인들은 어떻게 했나요? 그들은 서둘러 종교 지도자들에게 가서 보고했어요. 하지만 종교 지도자들은 예수님이 죽은 자 가운데서 살아나셨다는 사실이 알려지는 것을 원하지 않았어요. 그래서 군인들에게 제자들이 예수님의 시신을 훔쳐 갔다고 거짓말을 하라고 시켰어요. 그 거짓말을 믿는 사람들도 있었지만, 진실을 막을 수는 없었어요. 사람들의 입에서 입으로 소문이 퍼졌어요. 예수님이 살아나셨다고요!

예수님이 3일 만에 부활하셨다는 사실은 왜 중요할까요? 만약 예수님이 계속 죽은 채로 계셨다면 어땠을지 생각해 보세요. 이 세상의 모든 사람은 언젠가 죽어요. 오직 예수님만 다시 살아나셨지요. 하나님은 목숨까지 내어놓은 예수님의

순종을 기뻐하시며 예수님을 다시 살리셨어요. 예수님의 부활은 예수님이 죽음을 이기셨다는 증거예요.

예수님은 살아 계세요! 우리는 믿음으로 이 사실을 믿어요! 지금 예수님은 하나님의 오른편에 앉으셔서 온 세상을 다스리고 계세요(빌 2:9~10 참조).

가스펠 링크

예수님은 죽음과 부활을 통해 모든 사람의 죗값을 대신 치르셨어요. 이렇게 죄와 속박에서 벗어나기 위해 죄의 값을 치르는 것을 '속죄'라고 해요. 예수님의 죽음은 사람들이 죄를 용서받고 하나님과 가까워질 수 있는 길을 열어 주었어요. 예수님은 우리가 할 수 없는 완벽한 삶을 사셨고, 우리 대신 죽임을 당하셨어요. 우리의 속죄를 위해 희생 제물이 되신 거예요.

하나님은 희생 제물이 되신 예수님의 순종을 기뻐하셨어요. 오래전부터 사람들을 하나님께로 돌아오게 하려는 하나님의 계획을 예수님이 이루셨기 때문이에요. 예수님은 우리를 죄에서 구하시고 약속하신 영원한 생명을 주세요.

복음 초청

성경과 37쪽 복음 초청 가이드를 이용해서 아이들에게 그리스도인이 되는 법을 설명해 준다. 따로 상담해 줄 사람을 정해 주고 궁금한 점이 있으면 물어보도록 격려한다.

이 시간 예수님을 마음에 모시고 싶은 친구는 함께 기도해요.

기도

하나님, 살아 계신 하나님을 찬양합니다. 하나님은 예수님을 죽은 자 가운데서 살리신 그 능력으로 하나님을 믿고 의지하는 모든 사람에게 새로운 삶을 주십니다. 예수님을 통해 우리에게 구원이라는 선물을 주셔서 감사합니다. 이 구원이 얼마나 크고 소중한 선물인지 늘 기억하며 살 수 있도록 인도해 주세요. 예수님의 이름으로 기도합니다. 아멘.

적용

TIP 설교 도입이나 적용으로 활용하거나 영상을 본 뒤 소그룹으로 나누어 풍성한 대화를 이어 갈 수 있습니다.

최근에 무언가를 축하하거나 어떤 일 때문에 기뻐한 적이 있나요? 무슨 일이었나요? 시험 성적이 좋았거나 휴가를 떠나게 되어 기뻤나요? 이 질문을 생각하며 오늘의 영상을 함께 보아요.

적용 예화 영상(시도자용 팩)을 보여 준 후, 다음의 질문으로 이야기를 나눈다.

1 게임이 끝날 무렵 사람들은 왜 소리를 지르며 함께 기뻐했나요?

2 예수님이 죽으셨을 때 제자들은 어떤 기분이었을까요? 예수님이 다시 살아나셨다는 사실을 알았을 때는 어떤 기분이었을까요?

3 우리는 왜 예수님의 부활을 기뻐해야 할까요?

예수님이 죽은 자 가운데서 다시 살아나셨어요! 죽음도 예수님을 붙잡아 놓을 수 없었어요. 예수님이 죄와 죽음을 이기셨기 때문에, 예수님을 믿는 사람은 용서와 영원한 생명을 얻게 되어요. 우리는 죽음을 두려워할 필요가 없어요. 예수님이 죽음을 이기셨기 때문이에요. 이 기쁜 소식 덕분에 모든 것이 달라졌어요.

가스펠 소그룹
(10~20분)

 나침반

사라진 글자를 찾아라

준비물 2단원 암송(133쪽), 4절지, 매직

① 종이에 2단원 암송 구절을 아래와 같이 적는다.

너희는 그 ㅇㅎ에 의하여 ㅁㅇ으로 말미암아 ㄱㅇ을 받았으니 이것은 ㄴㅎ에게서 난 것이 아니요 ㅎㄴ님의 ㅅㅁ이라 ㅎㅇ에서 난 것이 아니니 이는 누구든지 ㅈㄹㅎㅈ 못하게 함이라 (엡 2:8~9)

② 아이들에게 2단원 암송을 보여 주고, 함께 큰 소리로 읽는다.

③ 이번에는 준비한 '자음 암송 구절'을 보여 주고, 한 명씩 돌아가며 알맞은 단어로 구절을 암송하게 한다.

.... 이 성경 구절은, 구원은 우리 행위로 얻는 것이 아니라고 말해요. 구원은 하나님이 주시는 선물이지요. 오늘 우리는 예수님이 3일 만에 부활하신 성경 이야기를 들었어요. 예수님의 부활은 예수님이 죄와 죽음을 이기셨다는 증거예요.

 보물 지도

묻고 답하기

준비물 성경, 색인 카드, 펜, 상자

① 아이들에게 성경을 나누어 주고 요한복음을 펴게 한다. 요한복음 다음에 나오는 책은 무엇인지 물어본다. (사도행전)

② 요한복음은 무엇에 관한 이야기인지 말해 보라고 한다. (예수님의 삶과 죽음, 부활에 관한 이야기이다)

③ 아이들에게 요한복음 20장 1~18절을 찾으라고 한다.

④ 질문에 대답할 때, 정답의 근거가 되는 성경의 장과 절을 함께 말하라고 한다.

1 예수님의 무덤 안에 들어간 두 제자는 누구인가요?
베드로와 다른 한 제자(요한) (요 20:4~8)

2 마리아는 예수님을 알아보기 전에 예수님이 누구라고 생각했나요? 동산지기 (요 20:15)

3 마리아는 예수님을 만난 후에 어떻게 했나요?
다른 제자들에게 가서 소식을 전했다 (요 20:18)

⑤ 다음의 질문을 색인 카드에 각각 적어 상자에 넣고, 아이들에게 질문 카드를 하나씩 뽑게 한다. 카드에 있는 질문으로 함께 이야기를 나눈다.

· 예수님이 죽은 자 가운데서 다시 살아나신 일은 왜 중요한가요?

· 예수님의 부활은 무엇에 대한 증거가 되나요?

· 지금 예수님은 어디에 계신가요?

 탐험하기

무덤 안이 비었어요!

준비물 학생용 교재 24쪽, 연필

① 그림을 보고 서로 다른 10곳을 찾아 ○표 하게 한다.

② 예수님의 무덤 안이 왜 비어 있었는지 이야기를 나눈다.

.... 예수님은 죽음과 부활을 통해 우리의 죗값을 대신 치르셨어요. 예수님의 죽음과 부활은 사람들이 죄를 용서받고 하나님께 다시 나아갈 수 있는 길을 열어 주었어요. 아무런 죄가 없으신 예수님은 흠 없는 속제물이 되어 우리 대신 죄인의 죽임을 당하시고 다시 살아나셔서 사람들을 하나님께로 돌아오게 할 구원 계획을 이루셨어요. 예수님이 우리를 위해 하신 일을 믿으면 누구나 용서와 영원한 생명을 얻게 되어요.

비밀 암호를 풀어라!

준비물 학생용 교재 25쪽, 연필

① 무덤을 막고 있는 돌에 적힌 암호를 풀어 빈칸에 답을 적어 보라고 한다.

② 모든 사람에게 알려야 할 비밀은 무엇인지 물어본다.

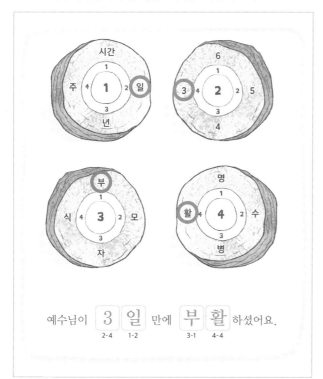

예수님이 **3**일 만에 **부활**하셨어요.
₂₋₄ ₁₋₂　₃₋₁ ₄₋₄

—— **예수님이 죽은 자 가운데서 다시 살아나셨어요!** 죽음도 예수님을 붙잡아 놓을 수 없었어요. 예수님이 죄와 죽음을 이기셨기 때문에 이제 예수님을 믿고 의지하는 사람은 용서와 영원한 생명을 얻게 되지요. 아무런 죄가 없으신 예수님이 우리를 대신해 죽으셨다가 3일 만에 살아나셨기 때문에 이제 우리는 죽음을 두려워할 필요가 없어요. 그리고 하나님과 영원히 살 수 있게 되었어요. 우리를 죄에서 자유롭게 하신 하나님께 감사와 찬양을 드리며, 이 기쁜 소식을 예수님을 알지 못하는 가족이나 친구들에게 전해요.

나를 위한 하나님의 멋진 계획 *

준비물 '나를 위한 하나님의 멋진 계획' 모자이크(지도자용 팩), 작게 자른 색종이, 풀, 접착테이프

① 지도자용 팩에서 '나를 위한 하나님의 멋진 계획'을 출력해 둔다.

② 아이들을 5팀으로 나누고, 준비물을 각 팀에 나누어 준다.

③ 팀별로 색종이 조각을 그림에 붙여 모자이크를 완성하게 한다.

④ 완성한 작품을 서로 보여 주며, 각각의 모양이 어떤 의미에서 복음

을 이루는 중요한 요소가 되는지 팀별로 이야기하게 한다.

⑤ 완성한 포스터를 예배실 벽에 붙인다.

—— 복음은 예수님이 우리를 위해 자신의 삶과 죽음 그리고 부활을 통해 어떤 일을 하셨는지를 알려 주는 좋은 소식이에요. 복음은 우리가 하나님께 나아가기 위해 해야 하는 일들을 적은 목록이 아니에요. 우리가 할 일은 단 한 가지, 예수님이 주시는 구원이라는 선물을 받는 것뿐이에요. 예수님을 주님과 구원자로 받아들이는 거예요.

보물 상자

나만의 기록장

준비물 학생용 교재 26쪽, 연필

아이들에게 다음 질문에 대해 생각하고 글로 써 보라고 한다.

이 성경 이야기가 말하고 있는…

· 하나님이나 복음에 관한 사실은?

· 나에 관한 사실은?

· 순종해야 할 하나님의 말씀은?

　그 말씀은 어떻게 하나님께 영광이 되고, 나에게는 유익이 될까요?

· 기억해야 할 하나님의 약속은?

　그 약속은 내가 하나님을 믿고 사랑하는 데 어떤 도움이 되나요?

메시지 카드

이번 주 메시지 카드로 부모님과 함께 오늘 배운 성경 이야기를 나누어 보라고 한다.

기도

하나님, 죄로 인해 죽을 수밖에 없었던 우리에게 예수님을 믿기만 하면 구원받는다는 복음을 주셔서 감사합니다. 죄와 죽음을 이기신 예수님 이름으로 이제는 자유롭게 하나님 앞에 나아갈 수 있게 되어 너무나 기쁩니다. 성령님의 도우심으로 이 기쁜 소식을 다른 사람들에게 전하며 살 수 있도록 인도해 주세요. 예수님의 이름으로 기도합니다. 아멘.

7

예수님이 엠마오로 가는 제자들을 만나셨어요

눅 24:13~35

성경의 초점

예수님은 왜 십자가에서 죽으셨나요? 예수님은 우리를 죄에서 구하려고 십자가에서 죽으시고, 부활하셔서 우리가 용서받았다는 것을 보여 주셨어요.

예수님의 죽음과 부활은 사실 제자들에게 놀라운 일이 아니어야 했습니다. 예수님은 때때로 자신의 죽음과 부활을 은유적으로 언급하셨습니다(마 12:39~40; 막 14:58; 요 2:19, 3:13~15 참조). 때로는 자신이 배반당하고, 못 박혀 장사된 뒤 사흘 만에 다시 살아날 것이라고 분명하게 말씀하시기도 했습니다(마 17:12; 막 8:31; 눅 9:22 참조). 예수님이 얼마나 자주 자신의 죽음과 부활을 이야기했는지, 대제사장과 바리새인들은 빌라도에게 가서 제자들이 예수님의 시신을 훔쳐 갈지도 모르니 무덤에 경비를 세워 달라고 부탁했을 정도였습니다(마 27:62~66 참조).

부활하신 날 아침, 예수님의 무덤에 있던 천사는 여인들에게 "어찌하여 살아 있는 자를 죽은 자 가운데서 찾느냐"(눅 24:5)라고 말했습니다. 베드로와 요한이 무덤으로 달려가 비어 있는 것을 확인했을 때도 요한은 믿었지만(요 20:8 참조), 베드로는 놀랍게 여기면서도 확신하지 못했습니다(눅 24:12 참조).

같은 날 두 제자가 엠마오를 향해 걸어가며 최근에 일어난 일을 두고 논쟁을 벌였습니다. 예수님이 곁에서 함께 걸어가셨지만, 그들은 눈이 가려져서 예수님을 알아보지 못했습니다(눅 24:16 참조). 예수님은 그들에게 무슨 이야기를 하고 있는지 물으셨습니다. 제자들은 걸음을 멈추었습니다. 어떻게 이 사람은 지난 사흘간 일어난 일을 모를 수가 있을까요?

두 제자는 예수님이 이스라엘의 구속자이기를 바랐습니다. 하지만 예수님이 숨을 거두시는 순간 그들의 소망은 산산이 부서졌습니다. 예수님은 그들에게 왜 메시아가 죽어야 하는지 모세와 선지자의 글을 들어 설명하셨습니다. 모든 성경이 자신을 가리키고 있다는 사실을 그들에게 보여 주셨습니다(눅 24:27; 요 5:39 참조).

● ● 티칭 포인트

아이들에게 성경은 서로 아무 관련 없는 이야기들을 모아 놓은 책이 아니라고 말해 주십시오. 성경은 예수님에 관한 책입니다. 아담과 하와가 죄를 지었을 때, 하나님은 예수님을 보내 사람들을 죄에서 구할 계획을 실행하셨습니다(창 3:15 참조). 구약성경은 예수님의 삶과 죽음, 그리고 부활을 가리킵니다. 하나님이 죄인들에게 약속하신 구원을 예수님이 가져오실 그때를 말입니다.

주 제

예수님은 모든 성경이
자신을 가리킨다고 가르치셨어요.

가스펠 링크

구약성경에 기록된 하나님의 약속이
예수님의 삶과 죽음, 부활을 통해
이루어졌어요.

예수님이 엠마오로 가는 제자들을 만나셨어요 눅 24:13~35

예수님이 죽은 자 가운데서 다시 살아나신 날, 예수님의 두 제자가 엠마오라는 동네를 향해 걸어가고 있었어요. 제자들은 최근에 일어난 일에 관해 이야기를 나누고 있었지요. 그들이 대화하는 동안 예수님이 곁에 오셔서 함께 걸었지만, 그들은 예수님을 알아보지 못했어요.

예수님은 제자들에게 "무슨 이야기를 하고 있소?"라고 물으셨어요.

제자들은 걸음을 멈추었어요. 슬픈 표정이었지요. 글로바라는 제자가 말했어요. "당신은 예루살렘에 있으면서도 거기서 무슨 일이 일어났는지 혼자만 모른단 말입니까?" 예수님은 "무슨 일이오?"라고 물으셨어요.

그들이 예수님에게 말했어요. "나사렛 예수님은 하나님과 모든 백성 앞에서 행동하고 말할 때 능력이 있는 예언자이셨습니다. 그런데 종교 지도자들이 예수님을 넘겨주어 사형 선고를 받게 하고는 십자가에 못 박았습니다.

우리는 그분이 이스라엘을 해방시킬 분이길 바랐습니다. 게다가 오늘은 이 일이 일어난 지 3일째 되는 날인데, 아침 일찍 여자들 몇 명이 무덤에 갔다가 예수님의 시신을 찾지 못했다고 합니다. 그들이 천사들을 만났는데, 예수님이 살아나셨다고 말했다는군요. 우리 동료 몇 명도 가서 무덤이 빈 것을 확인했습니다."

예수님이 말씀하셨어요. "어리석고 선지자들의 말을 믿지 못하는 사람들이여! 이것이 원래 그리스도(메시아)에게 일어나야 할 일이 아니겠는가?" 그리고는 모세와 선지자들로부터 시작해 성경이 예수님에 대해 말하는 부분을 모두 설명해 주셨어요.

엠마오에 도착한 제자들은 예수님에게 그들과 함께 머물러 달라고 부탁했어요. 그래서 예수님은 그들과 함께 식사 자리에 앉으셨어요. 예수님은 떡을 들고 하나님께 감사 기도를 드린 후 떼어서 그들에게 나누어 주셨어요. 그 순간 제자들이 예수님을 알아보았어요! 하지만 예수님은 곧 그들의 눈앞에서 사라지셨어요.

두 제자는 엠마오로 오던 길을 생각했어요. 그러고는 "그분이 길에서 우리에게 말씀하시고 성경을 설명하실 때, 우리 마음이 뜨거워지지 않았던가?"라고 서로에게 말했어요.

그들은 즉시 엠마오를 떠나 예루살렘으로 돌아갔어요. 거기에는 예수님의 열한 제자가 다른 사람들과 함께 모여 있었어요. 두 제자가 그들에게 일어난 일을 이야기하자, 다른 제자들도 "예수님이 정말로 살아나셨다! 시몬에게도 예수님이 나타나셨다!"라고 말했어요.

● ● 가스펠 링크

성경은 예수님에 관한 책이에요. 아담과 하와가 죄를 짓자 하나님은 예수님을 보내 사람들을 죄에서 구할 계획을 실행하셨어요. 구약성경에 기록된 하나님의 약속이 예수님의 삶과 죽음, 부활을 통해 이루어졌어요.

가스펠 준비
(10~20분)

 환영

도착하는 아이들을 반갑게 맞이하고 헌금, 출석, QT 등을 확인하며 격려한다. 새 친구가 있다면 소개한다. 편안한 분위기에서 안부를 물으며 오늘의 말씀과 관련된 화제로 이야기를 나눈다. 아이들에게 고대한 계획이 취소되어 허탈한 감정을 느껴본 적이 있는지 물어본다. 자발적으로 대화에 참여하도록 이끈다.

예) "소풍날이나 운동회 때 비가 와서 행사가 취소되었던 경험이 있나요?", "기대하거나 계획한 일이 뜻대로 이루어지지 않았던 적이 있나요?", "계획이 틀어졌을 때 어떻게 행동했나요?" 등.

—— 오늘 성경 이야기에서 예수님께 모든 희망을 걸었다가 실망하고 엠마오로 가는 제자들은 어떤 기분이었을까요?

 마음 열기

누굴까? *

준비물 종이, 연필

① 아이들에게 종이와 연필을 하나씩 나누어 준다.

② 술래를 한 명 정하고, 술래에게 아이 중 한 명의 이름을 종이에 쓰라고 한다.

③ 나머지 아이들에게 순서대로 돌아가며 술래가 누구의 이름을 썼는지 "예", "아니오"로 답할 수 있는 질문을 하나씩 하게 한다.

예) "안경을 썼나요?", "곱슬머리인가요?" 등.

④ 정답을 맞히고 싶은 아이는 자신의 차례에 질문 대신 답을 말할 수 있다고 알려 준다.

⑤ 정답을 맞히면 술래가 종이에 적은 이름을 보여 주게 한다.

⑥ 정답을 맞힌 아이가 새로운 술래가 된다.

—— 정말 잘했어요! 여러 가지 힌트를 모으니 술래가 누구의 이름을 적었는지 알 수 있었지요? 오늘 성경 이야기 속에 나오는 두 제자는 길을 가고 있었어요. 예수님이 그들과 함께 있었지만 제자들은 예수님을 알아보지 못했지요. 과연 제자들은 어떤 힌트를 보고 예수님을 알아보았을까요? 잠시 후에 확인해 보아요.

눈 가리고 공 던지기 *

준비물 빈 상자, 탁구공 5개, 눈가리개

① 아이들을 예배실 벽 한쪽에 한 줄로 세우고, 예배실 한가운데에 빈 상자를 둔다.

② 맨 앞에 있는 아이의 눈을 눈가리개로 가리고, 탁구공 5개를 하나씩 상자 안에 던져 보라고 한다.

③ 순서대로 모든 아이가 눈을 가리고 공 던지기를 하게 한다.

④ 상자 안에 가장 많은 공을 넣은 아이를 확인하고 축하해 준다.

—— 앞이 안 보이는 상태에서 상자에 공을 넣으려니 힘들었지요? 예수님 시대에 살던 사람들은 예수님을 두 눈으로 직접 보았지만, 마음의 눈이 어두워서 예수님이 누구인지 알아보지 못했어요. 오늘 성경 이야기에는 예수님이 어떤 분인지 깨닫지 못했던 두 사람이 나와요. 예수님이 그들의 눈을 어떻게 열어 주시는지 함께 들어 보기로 해요.

교사를 위한 기록장 이 과를 준비하면서 깨닫게 된 묵상을 정리해 보세요.

· 하나님이나 나에 대해 새롭게 알게 된 것은?

· 기억해야 할 하나님의 말씀은?

· 아이들에게 전하고 싶은 메시지는?

가스펠 설교
(15~30분)

들어가기

준비물 배낭, 2L짜리 생수병 2개, 탁자, 지도, 나침반, 성경

인도자가 배낭을 메고, 생수병을 들고 들어온다. 물과 배낭을 탁자에 내려놓고, 배낭에서 지도와 나침반, 성경을 꺼내며 혼잣말을 한다. 지도, 체크! 나침반, 체크! 성경, 체크! 쌍안경…. 오, 이런. 뭐 하나 깜빡할 줄 알았어. 아이들을 향해 오늘도 한 가지를 깜빡하고 안 가져왔어요. 음, 그나마 이번 주가 산악구조대 구조팀 자원봉사를 하는 마지막 주라 다행이에요. 그래도 쌍안경이 있었으면 큰 도움이 되었을 텐데 아쉽네요. 오늘은 산등성이에 올라가 멀리 있는 산을 살펴보려고 했거든요. 한 걸음 뒤로 물러나서 바라보는 경치가 아주 멋있어요! 나무 아래에서는 볼 수 없었던 놀라운 풍경들을 볼 수 있게 되지요. 성경을 집어 든다 바로 이것이 오늘 성경 이야기에서 제자들이 얻은 교훈이에요. 그들은 세상에서 가장 위대한 구조 작업을 예수님 곁에서 직접 목격한 증인들이었지요. 예수님은 무슨 일이 벌어지고 있는지 제자들이 더 잘 볼 수 있도록 도와주셨어요.

 연대표

예수님이
잡혀가셨어요

예수님이 십자가에서
죽으셨어요

예수님이
부활하셨어요

예수님이 엠마오로 가는
제자들을 만나셨어요

하나님이 천지를 창조하신 일부터 시작해 지금까지 우리가 들은 성경 이야기들은 하나님의 아들을 통해 죄인들을 구원하시려는 하나님의 계획이라는 하나의 큰 이야기를 이루고 있어요. 우리는 이 연대표를 보면서 모든 것이 하나님의 계획이었다는 것을 쉽게 이해할 수 있지만, 그 일이 일어났던

당시의 사람들은 하나님이 무슨 일을 하시는지 잘 알지 못했을 거예요.

연대표에서 오늘의 성경 이야기를 가리킨다 오늘의 성경 이야기 "예수님이 엠마오로 가는 제자들을 만나셨어요"에는 제자들이 성경을 이해할 수 있도록 예수님이 도와주시는 장면이 나와요. 함께 들어 볼까요?

성경의 초점

성경 이야기를 듣기 전에 성경의 초점을 외워 볼까요? **예수님은 왜 십자가에서 죽으셨나요?** 아이들의 대답을 기다린다 **예수님은 우리를 죄에서 구하려고 십자가에서 죽으시고, 부활하셔서 우리가 용서받았다는 것을 보여 주셨어요.**

성경 이야기

누가복음 24장을 펴고, 설교 영상(지도자용 팩)을 보여 주거나 이야기 성경을 들려준다. 두 제자와 예수님 역할을 할 아이를 정하고, 이야기하는 동안 각 인물의 행동을 팬터마임으로 표현하게 한다. (예 : 걸어가기, 앉아서 함께 먹으며 이야기하기 등) 또는 큰 종이나 화이트보드에 그림을 그리며 이야기를 들려준다. (예 : 두 제자와 예수님, 길, 식탁, 빵 등)

두 제자는 엠마오를 향해 가고 있었어요. 그들은 예수님의 죽음 때문에 몹시 슬퍼하고 있었지요. 예수님이 다시 살아나셨다는 사람들의 말을 어떻게 생각해야 할지 몰랐어요. 두 제자가 예수님이 진짜로 살아나셨는지 한창 토론을 벌이고 있을 때, 예수님이 나타나 함께 걷기 시작하셨어요. 제자들은 그분이 예수님일 것이라고는 꿈에도 생각하지 못했지요. 성경은 그들의 눈이 가리어져 예수님을 알아보지 못했다고 말해요. 무슨 이야기를 하고 있냐는 예수님의 질문에 제자들은 잠시 멈추었어요.

한 제자가 어쩌면 그렇게 세상 돌아가는 일을 모를 수가 있냐고 예수님에게 핀잔을 주었어요. 예루살렘의 모든 사람이 예수님이 입성하시는 것과 십자가 죽음을 목격했는데 말이에요. 예수님이 잡혀가시자 예수님을 따르던 사람들은 모두 흩어졌어요. 엠마오로 가던 그들은 마리아와 다른 사람들이 전해 준 예수님의 부활 소식을 들었어요. 하지만 어떤 말을

믿어야 할지 도무지 알 수가 없었어요!

예수님은 제자들에게 무슨 말씀을 하셨나요? 그들에게 어리석고 믿음이 부족하다고 말씀하셨어요. 예수님은 잡혀가시기 전에 이미 자신이 십자가에서 죽고 3일 만에 죽은 자 가운데서 살아날 것이라고 말씀하셨어요. 게다가 선지자들도 메시아가 우리 죄를 없애기 위해 고통받고 죽을 것이라고 말했지요.

예수님은 그들에게 성경을 처음부터 가르쳐 주셨어요. 모세와 선지자의 이야기부터 시작했다는 말은 모세가 쓴 성경의 첫 5권부터 시작해서 구약성경 전체를 가르치셨다는 말이에요. **예수님은 모든 성경이 자신을 가리킨다고 가르치셨어요.**

가스펠 링크

성경은 예수님에 관한 책이에요. 아담과 하와가 죄를 짓자 하나님은 예수님을 보내 사람들을 죄에서 구원할 계획을 실행하셨어요. 구약성경은 예수님의 삶과 죽음 그리고 부활을 가리켜요. 하나님이 죄인들에게 약속하신 구원을 예수님이 가져오실 그때를 말이에요. 예수님을 구세주로 믿고 의지할 때, 하나님은 우리 죄를 용서하시고 우리를 하나님의 자녀로 반갑게 맞아 주세요. 신약성경은 그리스도인들이 하나님 나라의 백성으로 어떻게 살아야 하는지를 가르쳐 주어요.

복음 초청

성경과 37쪽 복음 초청 가이드를 이용해서 아이들에게 그리스도인이 되는 법을 설명해 준다. 따로 상담해 줄 사람을 정해 주고 궁금한 점이 있으면 물어보도록 격려한다.

이 시간 예수님을 마음에 모시고 싶은 친구는 함께 기도해요.

기도

하나님, 하나님이 어떤 분인지 볼 수 있도록 우리의 눈을 열어 주세요. 우리는 하나님이 필요한 죄인입니다. 우리를 구원하기 위해 이 땅에 오신 예수님을 구원자와 주님으로 믿을 수 있는 믿음을 주세요. 예수님의 이름으로 기도합니다. 아멘.

적용

TIP 설교 도입이나 적용으로 활용하거나 영상을 본 뒤 소그룹으로 나누어 풍성한 대화를 이어 갈 수 있습니다.

좀 더 자세히 알고 싶은 것이 있을 때 어디에 가나요? 도서관에 가지요? 오늘의 영상을 함께 보아요.

적용 예화 영상(지도자용 팩)을 보여 준 후, 다음의 질문으로 이야기를 나눈다.

1 무엇을 통해 예수님에 대해 배울 수 있나요?

2 성경이 예수님에 관한 책이라는 사실을 어떻게 알 수 있나요?

3 성경을 읽다가 이해가 잘 안 되는 부분이 생길 때 어떻게 하면 좋을까요?

예수님은 모든 성경이 자신을 가리킨다고 가르치셨어요. 하나님은 우리가 하나님을 잘 알 수 있도록 도와주려고 성경을 주셨어요. 성경만 있으면 하나님을 더 잘 알고 더 사랑할 수 있어요.

가스펠 소그룹
(10~20분)

나침반

따라 읽기

준비물 **2단원 암송**(133쪽)

① 2단원 암송을 보여 주며 함께 큰 소리로 읽는다.

② 아이들을 2팀으로 나눈다.

③ 한 팀이 암송 구절의 한 소절을 읽으면 다른 팀이 다음 소절을 따라 읽게 한다.

④ 읽는 순서를 바꾸며, 조용하게 읽기, 빨리 읽기, 기쁘게 읽기 등 다양한 방법으로 읽게 한다.

⑤ 마지막으로 에베소서 2장 8~9절을 외워 보게 한다.

에베소서 2장 8~9절 말씀은 우리가 어떻게 죄와 죽음에서 구원받았는지 알려 주어요. 우리가 구원받은 것은 우리가 착한 사람이기 때문인가요? (아니다) 아니면 착한 일을 많이 했기 때문인가요? (아니다) 구원은 하나님이 주시는 선물이에요. 예수님을 믿으면 용서와 영원한 생명을 얻게 되지요.

보물 지도

성경 어디에 있나요?

준비물 **성경**

① 아이들에게 예수님은 모든 성경이 자기를 가리킨다고 가르치셨다는 점을 떠올려 준다.

② 예수님은 모세가 쓴 성경들(모세오경)부터 설명하셨다고 말해 주고, 아이들에게 이 성경 5권의 이름이 무엇인지 물어본다. (창세기, 출애굽기, 레위기, 민수기, 신명기)

③ 아이들에게 누가복음 24장 13~35절을 찾으라고 한다.

④ 질문에 대답할 때, 정답의 근거가 되는 성경의 장과 절을 함께 말하라고 한다.

　1 두 제자는 이야기하며 어디로 가고 있었나요? 엠마오 (눅 24:13)

　2 그들은 예수님이 이스라엘을 위해 어떤 일을 하실 것이라고 기대했었나요?
　　이스라엘을 구원할 것이라고 기대했다 (눅 24:21)

　3 제자들은 언제 예수님을 알아보았나요?
　　식사 시간에 예수님이 빵을 나누어 주실 때 (눅 24:30~31)

　4 예수님이 사라지신 후 그들은 어디로 갔나요?
　　예루살렘으로 돌아갔다 (눅 24:33)

⑤ 다음의 질문으로 아이들과 함께 이야기를 나눈다.

　· 함께 대화를 나누던 사람이 예수님이셨다는 사실을 알게 되었을 때 제자들의 기분은 어땠을까요?

　· 부활하신 예수님은 왜 제자들에게 나타나셨을까요?

　· 성경을 읽고 이해가 되지 않는 부분이 있을 때 어떻게 하면 될까요?

탐험하기

엠마오로 가는 길에서

준비물 **학생용 교재 28쪽, 연필**

① 엠마오를 향해 가던 두 제자의 얼굴 아래에 적힌 글자를 지우고, 남은 글자를 찾아 아래 문장을 완성하게 한다.

② 예수님이 두 제자에게 무엇을 가르쳐 주셨는지 이야기해 보게 한다.

여러분이 길을 가고 있는데 갑자기 예수님이 나타나 함께 걷기 시작했다고 상상해 보세요! 오늘 성경 이야기 속의 두 제자에게 바로 그런 일이 일어났어요. 하지만 제자들은 함께 걷고 있는 분이 예수님이시라는 것을 알아채지 못했어요. 심지어 얼마 전에 들은 예수님의 부활 소식에 관해 서로 이야기하면서도 이해하지 못하고 있었어요. 예수님은 그런 제자들에게 성경을 처음부터 가르쳐 주시며 그 모든 내용이 자신을 가리킨다고 말씀하셨어요.

성경은 예수님 이야기예요!

준비물 학생용 교재 29쪽, 연필, 성경

서로 짝이 되는 구약성경과 신약성경을 찾아 연결해 보라고 한다.

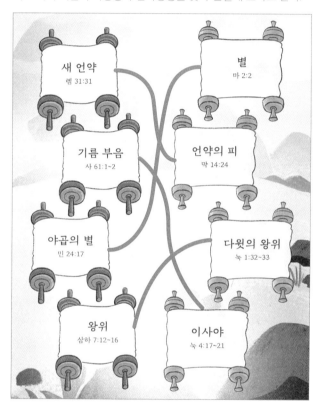

구약성경과 신약성경은 서로 다른 책일까요? 아이들의 대답을 기다린다. 아니에요. 구약성경과 신약성경 사이에는 긴 시간이 있지만, 예수님 이야기를 통해 서로 연결되어 있어요. 하나님은 구약성경에서 구원 계획을 약속하시고, 신약성경에서 예수님을 통해서 구원을 이루셨어요.

단서를 찾아라! ★

준비물 '구약의 메시지' 카드(지도자용 팩), 성경, 바구니, 공

① 지도자용 팩에서 '구약의 메시지' 카드를 출력해 오려 둔다.

② 아이들을 2팀으로 나누고, 40cm 정도 떨어진 곳에 바구니를 둔다.

③ 아이들에게 성경을 하나씩 나누어 주고 목차를 펼치게 한다.

④ 구약성경이 예수님을 어떻게 가리키고 있는지 적은 '구약의 메시지' 카드를 하나 읽어 준다.

⑤ 성경에서 어떤 책을 말하는지 먼저 맞히는 팀에게 1점을 준다.

⑥ 답을 맞힌 팀에서 한 명이 나와 바구니에 공을 던지게 한다.

⑦ 공이 바구니에 들어가면 1점을 더 준다.

예수님은 제자들과 걸어가시며 성경을 설명해 주셨어요. **예수님은 모든 성경이 자신을 가리킨다고 가르치셨어요.** 두 제자는 곧바로 예수님을 알아보지는 못했지만, 저녁 식사 시간에 빵을 떼어 주시는 예수님의 모습을 보고 그가 누구인지 알게 되었어요. 예수님은 죽은 자 가운데서 살아나셨어요. 살아계신 예수님은 구약성경의 예언을 이루셨어요. 진정한 메시아이시지요.

💎 보물 상자

나만의 기록장

준비물 학생용 교재 30쪽, 연필

아이들에게 다음 질문에 대해 생각하고 글로 써 보라고 한다.

이 성경 이야기가 말하고 있는...

· 하나님이나 복음에 관한 사실은?

· 나에 관한 사실은?

· 순종해야 할 하나님의 말씀은?

 그 말씀은 어떻게 하나님께 영광이 되고, 나에게는 유익이 될까요?

· 기억해야 할 하나님의 약속은?

 그 약속은 내가 하나님을 믿고 사랑하는 데 어떤 도움이 되나요?

메시지 카드

이번 주 메시지 카드로 부모님과 함께 오늘 배운 성경 이야기를 나누어 보라고 한다.

기도

하나님, 예수님을 통해 태초부터 약속하신 하나님의 구원 계획을 이루어 주셔서 감사합니다. 예수님으로 인해 우리가 구원받았음을 고백합니다. 성경을 읽을 때마다 예수님을 우리에게 보내신 하나님의 사랑을 깨닫게 해 주세요. 예수님의 이름으로 기도합니다. 아멘.

3 ^{단원} 부활하신 왕, 예수님

예수님은 죽은 자 가운데서 다시 살아나신 후 40일간 이 땅에 머무셨습니다. 그동안 예수님은 제자들과 함께 지내며 부활하셨음을 증명하셨습니다. 예수님은 하늘로 돌아가시기 전에 제자들에게 성령님을 보내겠다고 약속하셨고 그들에게 사명을 주셨습니다.

예수님이 제자들에게
나타나셨어요

예수님이 도마에게
나타나셨어요

예수님이 베드로에게
나타나셨어요

The Gospel Project

예수님이
지상 명령을 주셨어요

예수님이
승천하셨어요

예수님을 보내신
하나님을 찬양해요

카운트다운 – 터지기 전에

카운트다운 영상(지도자용 팩)을 틀고 예배 준비 자세
를 취하도록 격려한다. 예배가 시작되는 시간에 영상
이 끝나도록 맞추어 놓는다. 영상이 끝나기 30초 전
에 예배 인도자는 정해진 위치에 서서 조용히 기도하
는 모범을 보인다.

무대 배경 – 캠페인 본부(고학년용)

'가서 전하라!'라는 구호를 내건 캠페인 본부처럼 꾸
민다. 포스터와 표지판, 배지와 여러 선전 물품을 준
비한다. 지역 지도와 깃발을 벽에 건다. 화면에 '캠
페인 본부(고학년용)' 배경 이미지(지도자용 팩)를 띄
운다.

8

예수님이 제자들에게 나타나셨어

눅 24:36~49; 요 20:19~29

본문 속으로

예수님이 체포되시고, 매질당하고, 십자가에 못 박혀 돌아가신 지 며칠밖에 지나지 않았습니다. 예수님을 따르던 사람들은 두려움과 혼란에 빠졌습니다. 그들은 유대인들이 두려워 한 집에 모여 문을 걸어 잠갔습니다. 유대인들이 그들에게도 예수님에게 한 것처럼 할까요? 그들은 예수님을 그리스도(메시아)로 믿었지만 예수님을 버렸고, 결국 예수님은 죽임을 당하셨습니다. 죽은 사람이 어떻게 다른 사람을 구할 수 있겠습니까?

하지만 몇몇 사람이 예수님이 다시 살아나셨다는 소식을 전하기 시작했습니다! 그것이 정말일까요? 제자들이 이런 이야기를 하고 있을 때 예수님이 그들 가운데 나타나셨습니다. 그들은 유령이 나타난 줄 알았습니다.

예수님은 그들에게 "너희에게 평강이 있을지어다!"라고 말씀하셨습니다. 얼마나 기쁜 소식인가요? 예수님의 이 말씀이 제자들의 불안한 마음을 얼마나 다

독여 주었을지 상상해 보십시오. 그들이 버렸던 주님이 나타나셨는데 자신들의 실패를 꾸짖지도 않으시고, 믿음 없음을 나무라지도 않으십니다. 대신 평강을 말씀하십니다.

예수님은 제자들에게 자신의 죽음과 부활을 예언하셨고(마 20:17~19 참조), 다시 살아났다는 육체적 증거도 보여 주셨습니다. 제자들에게 자신의 손과 옆구리를 보여 주신 것입니다. 십자가에서 죽으신 예수님은 부활하심으로 자신의 사명을 완수하셨습니다. 이제 죄인들의 빚은 청산되었고, 거래는 끝났습니다. 하지만 제자들의 사명은 이제 시작이었습니다.

예수님은 예수님을 따르는 사람들에게 할 일을 주셨습니다. "아버지께서 나를 보내신 것 같이 나도 너희를 보내노라"(요 20:21). 이 성경 구절은 요한이 기술한 예수님의 지상 명령입니다. 하나님 아버지의 보내심을 받은 예수님이 이제 제자들을 자신의 심부름 꾼이자 대변자로 보내십니다. 예수님은 제자들이 세상에 복음을 전할 수 있도록 성령님을 보내실 것입니다. 예수님이 행하신 일이 복음, 바로 기쁜 소식입니다.

●● 티칭 포인트

아이들에게 예수님은 오늘날에도 살아 계신다는 점을 강조하십시오. 예수님을 직접 보지는 못하지만 우리는 이 사실을 믿음으로 확신합니다. 예수님은 모든 그리스도인을 세상에 보내 다른 사람들에게 예수님을 전하게 하시고, 성령님을 통해 우리에게 능력을 주십니다.

주 제

제자들이 부활하신 예수님을 보았어요.

가스펠 링크

부활하신 예수님은 40일 동안 500명이 넘는 사람에게 나타나셨어요.

예수님이 제자들에게 나타나셨어요 눅 24:36~49; 요 20:19~23

예수님이 죽으신 지 3일째 되던 일주일의 첫날 저녁에 제자들이 한 집에 모였어요. 그들은 유대인들이 무서워 문을 걸어 잠갔어요. 예수님처럼 잡혀서 죽을까 두려웠거든요.

그런데 예수님이 엠마오로 가던 제자들에게 나타나셨고, 막달라 마리아도 살아나신 예수님을 보았다는 소식이 들려왔어요. 그것이 사실일까요?

제자들이 모여 있을 때 예수님이 그들에게 나타나셨어요. 예수님은 "너희에게 평강이 있을지어다!"라고 인사하셨어요.

제자들은 무서웠어요! 눈앞의 광경을 믿을 수 없었지요! 정말 예수님일까요? 제자들은 유령이 나타난 줄 알았어요.

예수님이 말씀하셨어요. "왜 두려워하느냐? 바로 나다! 왜 의심하느냐? 내 손과 발을 보고 나를 만져 보아라. 유령은 살과 뼈가 없지만 나는 있다. 나는 유령이 아니다."

예수님은 손과 옆구리를 보여 주셨어요. 제자들은 예수님의 손과 옆구리에 난 상처를 보았어요. 예수님이 다시 살아나셨다니! 너무나 기쁜 소식이라 오히려 믿어지지 않았어요. 예수님을 다시 만난 제자들은 기쁨에 거워 어쩔 줄 몰랐어요!

제자들이 예수님께 구운 생선 한 토막을 가져다 드렸어요. 예수님은 생선을 드신 후에 제자들이 성경 말씀을 깨달을 수 있도록 설명해 주셨어요. 모세의 율법과 예언서와 시편이 예수님에 관한 기록이라는 것을 알려 주셨지요. 그런 다음 제자들에게 그들이 해야 할 일이 있다고 말씀하셨어요. 예수님은 사람들이 죄를 용서받게 하시려고 십자가에서 죽으시고 부활하셨어요. 이제 제자들은 사람들에게 죄를 회개하고 예수님을 믿고 용서받으라는 말을 전해야 했어요.

예수님은 "너희에게 평강이 있을지어다!"라고 다시 말씀하셨어요. 그리고 "아버지께서 나를 보내신 것처럼 나도 너희를 보낸다"라고 말씀하셨어요. 예수님은 제자들을 예수님의 증인으로 세상에 보내 예수님이 부활하셨다는 소식을 사람들에게 전하게 하셨어요.

● ● 가스펠 링크

부활하신 예수님은 40일 동안 500명이 넘는 사람에게 나타나셨어요(고전 15:3~8 참조). 예수님은 살아 계세요. 예수님은 우리를 보내 다른 사람들에게 예수님을 전하게 하시고, 성령님을 통해 우리에게 능력을 주세요.

가스펠 준비
(10~20분)

 ## 환영

도착하는 아이들을 반갑게 맞이하고 헌금, 출석, QT 등을 확인하며 격려한다. 새 친구가 있다면 소개한다. 편안한 분위기에서 안부를 물으며 오늘의 말씀과 관련된 화제로 이야기를 나눈다. 아이들에게 살면서 가장 놀랐던 일은 무엇인지 물어본다. 자발적으로 대화에 참여하도록 이끈다.

예) "정말 놀랐던 적이 있나요?", "왜 놀랐나요?" 등.

‶‶‶‶ '이런 일이 실제로 일어난다고?', '꿈이 아닐까?'라고 생각하며 놀랐던 적이 있나요? 누구나 한 번쯤은 눈으로 보고도 믿을 수 없는 일을 경험한 적이 있을 거예요. 오늘 성경 이야기에서는 모두가 깜짝 놀랄만한 믿을 수 없는 일이 펼쳐져요. 어떤 일이 벌어질까요?

 ## 마음 열기

소개하기 ＊ ─────────────

준비물 색인 카드, 연필

① 아이들에게 색인 카드와 연필을 나누어 준다.

② 색인 카드에 사회 지도자나 배우, 소설이나 영화 속 인물 등 잘 알려진 사람의 이름을 하나씩 쓰고, 그 사람의 업적을 3~4가지 쓰게 한다.

③ 자원하는 아이를 한 명 뽑아 자신이 쓴 사람의 이름은 말하지 말고 그 사람을 소개하거나 설명하라고 한다.

④ 자원한 아이가 설명이 끝난 뒤 "신사 숙녀 여러분, 그는 누구일까요?"라고 인도자가 말하면, 나머지 아이들이 그 사람의 이름을 추측해서 외치게 한다.

‶‶‶‶ 이런 사람들을 실제로 만나면 정말 신나겠어요! 저는 오늘 성경 이야기에 나오는 인물 한 명을 소개하고 싶어요. 이 사람을 그 집에서 만날 것이라고 아무도 생각하지 못했지요. 이 사람은 마구간에서 태어났고, 평생 죄를 한 번도 짓지 않았으며, 죄인들을 구원하려고 십자가에서 죽었어요! 그분은 누구일까요? 성경 이야기를 통해 자세히 알아보아요.

무엇을 만들 수 있을까? ＊ ─────────────

준비물 색인 카드, 사인펜

① 피자를 만드는 데 필요한 재료들을 색인 카드에 써 둔다.

예) 밀가루, 기름, 토마토, 치즈, 소시지, 피망, 양파, 페퍼로니, 올리브 등.

② 색인 카드에 적힌 재료 하나를 읽고, 아이들에게 그 재료로 무엇을 만들 수 있을지 물어본다.

③ 재료를 한 가지 더 말해 주고, 아이들이 다시 생각해 보게 한다.

④ 모든 재료를 말해 준 다음에 최종적으로 무엇을 만드는 재료들인지 물어본다.

‶‶‶‶ 정말 잘했어요! 단서를 모아서 이 재료들로 무슨 음식을 만드는지 추측해 냈군요. 오늘 성경 이야기에 나오는 제자들도 예수님에 대한 단서를 모았어요. 그리고 지금 어떤 일이 일어나고 있는지 생각해 보았지요. 우리도 제자들과 함께 추리해 볼까요?

─────────────

교사를 위한 기록장 이 과를 준비하면서 깨닫게 된 묵상을 정리해 보세요
···

· 하나님이나 나에 대해 새롭게 알게 된 것은?

· 기억해야 할 하나님의 말씀은?

· 아이들에게 전하고 싶은 메시지는?

가스펠 설교

들어가기

준비물 **클립보드, 펜, '가서 전하라!'라는 문구가 새겨진 모자**

인도자가 모자를 쓰고, 클립보드와 펜을 들고 들어온다.

오, 안녕하세요! 만나서 반가워요! 우와, 정말 많이 오셨군요. 정말 좋아요. 제 이름은 인도자의 이름입니다. 여행 좋아하는 사람은 손 들어 보세요. 클립보드에 기록하는 시늉을 한다 좋습니다! 손 내리세요. 이번에는 어떤 팀에 들어가고 싶은 사람 손 들어 보세요. 클립보드에 기록하는 시늉을 한다 좋습니다. 말하는 것 좋아하는 사람은 손을 들어 보세요. 클립보드에 기록하는 시늉을 한다 아주 좋아요! 보다시피 저는 '가서 전하라'라는 캠페인의 관리자예요. 함께 예수님에 대해 배우고 다른 사람에게 예수님을 전할 팀을 만들고 있지요. 제가 보니 여러분 모두 우리 팀에 딱 맞는 사람들인 것 같아요. 모두 준비되었나요? 그럼 시작해 볼까요?

연대표

예수님이 십자가에서
죽으셨어요

예수님이
부활하셨어요

예수님이 엠마오로 가는
제자들을 만나셨어요

예수님이 제자들에게
나타나셨어요

연대표에서 지난 성경 이야기들을 가리킨다 성경의 이야기들을 모두 모으면 예수님을 통해 죄인들을 구원하려는 하나님의 계획에 관한 하나의 큰 이야기가 되어요. 예수님은 십자가에서 죽으시고 죽은 자 가운데서 다시 살아나셨어요. 하지만 이야기는 여기서 끝나지 않아요. 예수님은 죽은 자 가운데서 살아나신 후, 하나님의 계획 안에서 제자들의 역할이 이제 시작된다는 사실을 알려 주셨어요. 연대표에서 오늘의 성경 이야기를 가리킨다 오늘 성경 이야기의 제목은 "예수님이 제자들에게 나타나셨어요"예요. 과연 예수님은 제자들에게 나타나 무슨 말씀을 하셨는지 함께 들어 볼까요?

성경의 초점

앞으로 몇 주 동안 하나님이 우리에게 주신 사명에 관한 성경 이야기를 들을 거예요. 예수님을 믿는 사람은 누구에게나 특별한 사명이 있다는 것을 알고 있나요? 아이들의 대답을 기다린다 맞아요! 이번 단원에서는 다음과 같은 '성경의 초점' 질문과 답을 배울 거예요. **그리스도인의 사명은 무엇인가요? 우리의 사명은 성령님의 능력으로 모든 민족을 제자로 삼는 거예요.**

📖 성경 이야기

누가복음 24장과 요한복음 20장을 펴고, 설교 영상(지도자용 팩)을 보여 주거나 이야기 성경을 들려준다. 예배실에 블록이나 마스킹 테이프로 큰 사각형(집) 테두리를 표시한다 아이들을 '집' 안에 모으고 문을 잠그는 시늉을 한 후 성경 이야기를 들려준다. 또는 이야기를 하다가 잠시 멈추고 아이들에게 제자들이 느꼈을 감정을 표정으로 표현해 보도록 질문한다. (예: 두려웠을까요? 놀라웠을까요? 행복했을까요? 기뻤을까요? 등) 표정에 어울리는 자세를 함께 취하게 해도 좋다.

예수님은 죽은 자 가운데서 살아나신 후에도 무척 바쁘셨어요. 처음에는 무덤을 찾아온 여인들에게 나타나시더니, 다음에는 제자들에게 나타나셨지요. 예수님은 하나님이 자신을 죽은 자 가운데서 살리셨다는 것을 증명하려고 많은 사람에게 나타나셨어요.

죽은 줄 알았던 예수님이 나타나셨을 때 제자들은 얼마나 놀랐을까요? 문도 잠그고 꼭꼭 숨어 있었는데 말이에요! 예수님은 한 번 더 제자들에게 모든 성경은 자신을 가리킨다고 설명해 주셨어요. 그리고 사람들에게 가서 예수님 이야기를 전하라고 말씀하셨지요. 예수님이 죽으시고 부활하신 것은 사람들이 죄를 회개하고 용서받기 위한 것이라고 말이에요.

제자들은 예수님의 말씀대로 했어요. 가서 다른 사람들에게 예수님이 메시아라고 전했지요. 하나님이 약속하신 그 구원자라고 말이에요. 제자들은 예수님이 우리 죄를 대신 지고 십자가에서 죽으셨고 다시 살아나셨다고 말했어요! 그리고 살아나신 예수님을 자기들 눈으로 똑똑히 보았다고 말했지요! 이 이야기를 들은 사람들은 그 소식을 또 다른 사람에게 전하고, 그 사람이 또 다른 사람에게 전하고, 2천 년이 지난 지금도 여전히 사람들이 예수님에 대한 소식을 전하고 있어요. 정말 놀랍지 않나요?

가스펠 링크

예수님은 제자들에게 나타나 "평강이 있을지어다"라고 말씀하셨어요. 평강은 살아계신 예수님을 통해 그리스도인들이 받는 선물과 같아요. 예수님은 십자가에서 죽으시고 부활하심으로 우리의 죗값을 치르시고 악을 이기셨어요. 예수님을 따르는 사람들은 예수님이 부활하신 주님과 구원자인 줄 알기 때문에 평강을 누리게 되지요.

부활하신 예수님은 40일 동안 500명이 넘는 사람에게 나타나셨어요(고전 15:3~8 참조). 예수님은 살아 계세요. 예수님은 우리를 보내 다른 사람들에게 예수님을 전하게 하시고, 성령님을 통해 우리에게 능력을 주세요. 우리가 그리스도인이라면 다른 사람에게 예수님을 전하는 것이 바로 우리의 사명이에요. **그리스도인의 사명은 무엇인가요? 우리의 사명은 성령님의 능력으로 모든 민족을 제자로 삼는 거예요.**

복음 초청

성경과 37쪽 복음 초청 가이드를 이용해서 아이들에게 그리스도인이 되는 법을 설명해 준다. 따로 상담해 줄 사람을 정해 주고 궁금한 점이 있으면 물어보도록 격려한다.

이 시간 예수님을 마음에 모시고 싶은 친구는 함께 기도해요.

기도

하나님, 우리에게 말씀을 주셔서 감사합니다. 지금 우리는 제자들처럼 예수님을 직접 눈으로 볼 수는 없지만, 하나님의 말씀이 모두 사실이라는 것을 믿습니다. 그리고 언젠가 우리가 하나님과 영원히 함께할 날이 오면 예수님을 직접 만날 수 있다는 것을 기뻐하며 기대합니다. 그 믿음을 가지고 예수님이 우리에게 맡기신 사명을 잘 해낼 수 있도록 언제나 함께해 주세요. 예수님의 이름으로 기도합니다. 아멘.

적용

TIP 설교 도입이나 적용으로 활용하거나 영상을 본 뒤 소그룹으로 나누어 풍성한 대화를 이어 갈 수 있습니다.

제자들이 부활하신 예수님을 보았어요. 하지만 제자들은 처음에 예수님을 알아보지 못했어요. 여러분도 무언가를 알아보지 못했던 적이 있나요? 이 질문을 생각하며 오늘의 영상을 함께 보아요.

적용 예화 영상(지도자용 팩)을 보여 준 후, 다음의 질문으로 이야기를 나눈다.

1 무슨 그림인지 얼마나 빨리 알아보았나요?

2 예수님을 다시 만났을 때 제자들은 무엇을 보는 줄 알았나요?
    (유령, 눅 24:37)

3 제자들은 진짜 예수님이라는 사실을 어떻게 알게 되었나요?
    (예수님이 손과 옆구리를 보여 주셨기 때문에, 눅 24:39)

4 예수님에 관해 들은 이야기들이 모두 사실이라는 것을 어떻게 알 수 있나요?

예수님은 자신이 살아났다는 사실을 분명히 보여 주셨어요. 예수님은 살아 계세요! 예수님은 제자들에게 해야 할 일을 알려 주셨어요. 다른 사람들에게 가서 예수님을 전하는 일이지요. 예수님은 지금 하늘에서 하나님의 오른편에 앉아 계시기 때문에 우리 눈에 보이지 않지만, 하나님은 그리스도인들이 다른 사람에게 예수님이 어떤 분인지 보여 주고, 복음이라는 좋은 소식을 전하길 바라세요.

가스펠 소그룹
(10~20분)

 나침반

우리가 한 번, 너희가 한 번

"내가 받은 것을 먼저 너희에게 전하였노니 이는 성경대로 그리스도께서 우리 죄를 위하여 죽으시고 장사 지낸 바 되셨다가 성경대로 사흘 만에 다시 살아나사"(고전 15:3~4).

준비물 **3단원 암송**(134쪽)

① 아이들과 3단원 암송을 함께 큰 소리로 읽는다.

② 아이들을 2팀으로 나누고, 암송 구절을 어절 단위로 나누어 양 팀이 번갈아 가며 읽을 수 있도록 각 팀에 배정해 준다.

③ 이번에는 읽는 순서를 바꾸어 양 팀이 번갈아 암송 구절을 읽게 한다.

④ 함께 큰 소리로 암송 구절을 한 번 더 읽는다.

── 누가 이 성경 구절을 썼을까요? (바울) 바울은 고린도라는 도시에 사는 그리스도인들에게 이 편지를 썼어요. 고린도에는 바울이 세운 교회가 있었지요. 바울은 그리스도인에게 가장 중요한 일이 무엇인지 일깨워 주었어요. 바로 복음이지요. 우리도 이 성경 구절을 외우면서 예수님에 관한 좋은 소식인 복음을 항상 기억하도록 해요.

 보물 지도

저요! 저요!

준비물 **성경**

① 누가복음의 저자는 의사이며 이방인이었던 누가라고 말해 준다.

② 아이들에게 성경에서 누가복음 24장 36~49절을 찾으라고 한다.

③ 인도자의 질문에 대답하기 전에 먼저 정답의 근거가 되는 성경 구절을 찾으라고 한다.

④ 답을 말할 아이는 손을 들고 "저요! 저요!"라고 외치라고 한다.

⑤ 인도자가 지목하면 일어나 정답과 근거가 되는 성경의 장과 절을 함께 말하게 한다.

1 예수님은 제자들에게 나타나 무엇이라고 말씀하셨나요?
"너희에게 평강이 있을지어다" (눅 24:36)

2 예수님은 자신이 유령이 아니라는 사실을 어떻게 보여 주셨나요?
손과 옆구리를 보여 주셨다 (눅 24:39)

3 예수님은 제자들이 사람들에게 무엇을 전해야 한다고 말씀하셨나요? 죄 사함을 받게 하는 회개 (눅 24:47)

⑥ 다음의 질문으로 아이들과 함께 이야기를 나눈다.

· 500명이 넘는 사람이 부활하신 예수님을 보았다고 말했어요. 왜 이 증언을 믿어도 될까요?

· 그리스도인의 사명은 무엇인가요? 우리의 사명은 성령님의 능력으로 모든 민족을 제자로 삼는 거예요.

 탐험하기

내 몸이 느끼고 있어!

준비물 **학생용 교재 32쪽, 연필**

① 아이들에게 예수님의 제자가 되었다고 상상해 보라고 한다.

② 예수님이 부활하셨다는 것을 시각, 청각, 후각, 촉각에 근거해 설명하는 글을 빈칸에 적게 한다.

예시

어떤 모습을 보았는가?
예전부터 보아 온 예수님의 모습을
보았을 것 같다.

어떤 소리를 들었는가?
예수님의 발걸음 소리
"나다" 하고 말씀하시는 예수님의 목소리

어떤 냄새를 맡았는가?
예수님의 옷에서 나는 흙먼지 냄새

어떤 느낌이었는가?
예수님의 따뜻한 온기

── 예수님이 십자가에서 죽으신 후 제자들은 다시 살아나신 예수님을 만났다고 주장하는 사람들의 이야기를 듣게 되었어요. 그리고 예수님은 제자들에게 나타나 함께 시간을 보내셨어요. 예수님을 본 제자들은 예수님이 다시 살아나신 것을 증명하기 위해 어떤 방법을 사용했을까요? 아마 자신들이 할 수 있는 모든 것을 동원해 예수님이 부활하신 것을 설명했을 거예요. 우리도 예수님의 죽음과 부활을 믿으며 복

음을 전하길 바라요. 우리가 표현할 수 있는 모든 방법으로 말이에요.

살아나신 예수님을 만났다!

준비물 학생용 교재 33쪽, 65쪽 '얼굴 스티커', 연필

① 제자들이 예수님을 다시 만났을 때 어떤 기분이었을지 상상해 보고 65쪽의 '얼굴 스티커'를 알맞게 붙이라고 한다.

② 만약 그곳에 아이들이 있었다면 어떤 표정을 짓고 무슨 말을 했을지 그림과 글로 표현하게 한다.

예시

예수님! 도망가서 죄송해요.

—— 하나님은 우리를 구원하기 위해 예수님을 보내셨어요. 예수님은 우리를 위해 십자가에서 죽으시고, 3일 만에 부활하셨지요. **제자들이 부활하신 예수님을 보았어요.** 그리고 부활하신 예수님은 40일 동안 500명이 넘는 사람에게 나타나셨어요. 살아나신 예수님이 제자들 앞에 나타나셨을 때 모두가 놀라워했어요. 아마 제자들은 있을 수 없는 일이라 생각했을 수도 있어요. 하지만 예수님의 죽음과 부활은 사실이며, 진리예요. 이에 대한 믿음이 더욱 단단해질 수 있도록 함께 기도해요.

비밀 메시지 ★

준비물 3단원 성경의 초점(131쪽), 흰색 크레파스, 색인 카드, 수성 물감, 붓, 물통

① 아이들에게 흰색 크레파스와 색인 카드를 하나씩 나누어 준다.

② 3단원 성경의 초점을 보여 주고, 핵심 단어나 어절을 아이들에게 하나씩 배정해 흰색 크레파스로 카드에 쓰게 한다.

③ 아이들이 적은 색인 카드를 모아 섞은 뒤 다시 나누어 준다.

④ 색인 카드에 수성 물감을 칠해 숨은 글자가 나타나게 해 보라고 한다.

⑤ 색인 카드를 순서대로 정리해 성경의 초점을 완성하게 한다.

—— 예수님은 살아 계세요. 하나님은 우리 한 사람 한 사람을 위한 계획을 가지고 계세요. **그리스도인의 사명은 무엇인가요? 우리의 사명은 성령님의 능력으로 모든 민족을 제자로 삼는 거예요.** 하나님은 성령님을 통해 우리가 하나님의 명령에 순종하고 복음을 전할 수 있도록 능력을 주세요.

💎 보물 상자

나만의 기록장

준비물 학생용 교재 34쪽, 연필

아이들에게 다음 질문에 대해 생각하고 글로 써 보라고 한다.

이 성경 이야기가 말하고 있는...

· 하나님이나 복음에 관한 사실은?

· 나에 관한 사실은?

· 순종해야 할 하나님의 말씀은?

 그 말씀은 어떻게 하나님께 영광이 되고, 나에게는 유익이 될까요?

· 기억해야 할 하나님의 약속은?

 그 약속은 내가 하나님을 믿고 사랑하는 데 어떤 도움이 되나요?

메시지 카드

이번 주 메시지 카드로 부모님과 함께 오늘 배운 성경 이야기를 나누어 보라고 한다.

기도

하나님, 우리를 구원하기 위해 예수님을 보내신 하나님을 찬양합니다. 우리에게 믿음을 주셔서 예수님이 죽음에서 다시 살아나신 것과 지금도 우리와 함께하시는 것을 믿을 수 있도록 도와주세요. 예수님의 이름으로 기도합니다. 아멘.

9

예수님이 도마에게 나타나셨어요

요 20:24~29

성경의 초점

그리스도인의 사명은 무엇인가요?
우리의 사명은 성령님의 능력으로
모든 민족을 제자로 삼는 거예요.

예수님을 따르던 사람들이 다시 살아나신 예수님을 보았습니다! 예수님은 엠마오로 가던 두 제자를 만나셨고, 문을 걸어 잠그고 모여 있던 제자들에게도 나타나셨습니다. 하지만 제자 중 한 명인 도마는 이 기회를 놓쳤습니다. 예수님이 나타나셨을 때 그 자리에 없었기 때문입니다. 그래서 예수님을 직접 보지 못했습니다.

주님이 부활하셨다는 제자들의 말을 듣고도 도마는 의심했습니다. 정확하게 말하자면, 믿기를 거부했습니다(요 20:25 참조). 예수님을 보았다는 목격자들의 증언에도 불구하고 도마는 눈에 보이는 증거를 원했습니다. 그는 믿음이 부족했고, 불신 속에서 마음이 굳어 있었습니다.

여드레가 지났습니다. 도마는 다른 제자들과 함께 있었습니다. 이번에도 안전을 위해 문을 잠갔습니다. 지난번과 같이 제자들에게 나타나신 예수님은 "평강이 있을지어다"라고 말씀하셨습니다.

이번에는 도마도 그 자리에 있었습니다. 예수님은 도마에게 믿으라고 말씀하셨습니다. 그리고 눈으로 보는 것에서 그치지 말고 예수님의 상처에 손을 넣어 만져 보라고 하셨습니다. 예수님은 도마에게 은혜를 베푸셨습니다. 도마가 원했던 물리적 증거를 주신 것이지요. 예수님은 유령이 아니었습니다. 예수님은 다시 살아나셨습니다!

도마는 그 즉시 믿었습니다. 예수님은 "너는 나를 본 고로 믿느냐 보지 못하고 믿는 자들은 복되도다"(요 20:29)라고 말씀하셨습니다. 성경은 하나님이 우리의 믿음을 기뻐하신다고 말합니다(히 11:6 참조).

● ● 티칭 포인트

아이들을 가르칠 때, '믿음'이라는 단어의 뜻을 알려 주십시오. 믿음은 "바라는 것들의 실상이요 보이지 않는 것들의 증거"라고 히브리서 11장 1절은 말합니다. 믿음은 보지 않고 믿는 것입니다. 믿음은 하나님이 자신에 대해 하시는 말씀을 그대로 믿는 것입니다. 그러면 하나님은 자신이 하겠다고 말씀하신 일을 행하실 것입니다(민 23:19 참조).

믿음은 자신의 힘으로 끌어모을 수 있는 것이 아닙니다. 하나님의 선물입니다(엡 2:8-9 참조). 하나님이 아이들에게 예수님을 주님이자 구원자로 믿는 믿음을 주시도록 기도하십시오.

주 제

예수님이 의심하는 도마에게 손과 옆구리를 보여 주셨어요.

가스펠 링크

예수님은 예수님을 보지 않고도 믿는 사람에게 복이 있다고 하셨어요.

예수님이 도마에게 나타나셨어요 요 20:24~29

도마는 예수님의 제자였지만, 부활하신 예수님이 제자들을 찾아오셨을 때 그 자리에 없었어요. 다른 제자들이 "우리가 예수님을 보았다네!"라고 말했지만, 도마는 믿지 않았어요.

도마는 의심했어요. "나는 믿지 못하겠네! 예수님의 손과 옆구리에 난 상처에 손을 넣어 보지 않고는 믿을 수 없네!"라고 말하면서 말이에요.

8일 후, 제자들이 다시 한 집에 모였어요. 이번에는 도마도 함께 있었어요. 문이 잠겨 있었지만, 지난번처럼 예수님이 제자들 가운데 나타나셨어요. 그리고 "평강이 있을지어다!"라고 인사하셨지요.

그런 다음 예수님은 도마에게 "네 손가락을 내밀어 내 손을 만져 보아라. 손을 내밀어 내 옆구리에 넣어 보아라. 믿음 없는 자가 되지 말고 믿는 자가 되어라!"라고 말씀하셨어요.

도마는 예수님께 "나의 주님, 나의 하나님!"이라고 말하며 믿음을 고백했어요.

예수님이 말씀하셨어요. "너는 나를 보았기 때문에 믿느냐? 나를 보지 않고도 믿는 사람은 복이 있다."

● ● 가스펠 링크

도마는 죽은 자 가운데서 다시 살아나신 예수님을 보았어요. 예수님이 십자가에 달리셨을 때 입은 상처도 보았어요. 우리는 예수님을 보지 못했지만, 예수님은 예수님을 보지 않고도 믿는 사람에게 복이 있다고 하셨어요.

가스펠 준비
(10~20분)

 ## 환영

도착하는 아이들을 반갑게 맞이하고 헌금, 출석, QT 등을 확인하며 격려한다. 새 친구가 있다면 소개한다. 편안한 분위기에서 안부를 물으며 오늘의 말씀과 관련된 화제로 이야기를 나눈다. 아이들에게 무언가를 의심한 적이 있는지 물어본다. 자발적으로 대화에 참여하도록 이끈다. 예) "어떤 일에 대해 의심해 본 적 있나요?", "왜 의심했나요?" 등.

—— '의심'이란 확신이 없는 상태, 거의 가능성이 없다고 생각하는 상태를 말해요. 오늘 성경 이야기에서 의심 많은 한 제자를 만나게 될 거예요. 그는 어떤 상황에서 무엇을 의심했을까요?

 ## 마음 열기

난 못 믿겠어! *

준비물 사진 자료

① 여러 장의 사진을 준비해 둔다. 사진 속에는 인도자가 직접 경험한 일도 있고, 그렇지 않은 경우도 포함되어 있다.

② 아이들에게 사진을 보여 주며 "저는 지난여름에 뉴욕에 다녀왔어요"와 같은 말을 한다.

③ 이 말이 참인지 거짓인지 맞혀 보게 한다. 인도자의 말이 사실이라고 생각하면 "난 믿어"라고 말하고, 거짓이라고 생각하면 "난 못 믿겠어"라고 말하게 한다.

④ 인도자는 사실인지 아닌지 말해 주고, 다음 사진을 보여 주며 놀이를 계속한다.

—— 친구가 한 말이 사실인데도 믿기 어려운 때가 있었나요? 이렇게 의심하게 되는 이유는 무엇일까요? 오늘 성경 이야기에는 정말 놀라운 소식을 듣고도 도무지 믿지 못했던 한 사람이 나와요. 얼마나 놀라운 소식이었기에 그렇게 믿기 힘들었는지 함께 알아보기로 해요.

장애물 코스 *

준비물 탁자, 의자, 눈가리개

① 탁자나 의자같이 쉽게 구할 수 있는 물건으로 예배실에 간단한 장애물 코스를 만든다.

② 아이들을 2명씩 짝짓게 하고, 한 사람은 눈가리개로 눈을 가리게 한다. 다른 아이는 눈을 가린 아이를 인도해 장애물 코스를 지나가야 한다고 말해 준다.

③ 서로 역할을 바꾸어 한 번 더 진행한다.

④ 보지 못하는 상태에서 친구만을 의지해 움직여야 할 때 어떤 기분이었는지 물어본다.

—— 여러분을 인도하는 사람을 믿고 따라가기가 쉬웠나요? 어려웠나요? 우리는 우리 눈으로 직접 보고 싶어 할 때가 많아요. 오늘 성경 이야기에 나오는 예수님의 제자도 예수님을 직접 보기 전까지는 예수님이 다시 살아나셨다는 사실을 믿으려고 하지 않았지요.

교사를 위한 기록장 이 과를 준비하면서 깨닫게 된 묵상을 정리해 보세요.

· 하나님이나 나에 대해 새롭게 알게 된 것은?

· 기억해야 할 하나님의 말씀은?

· 아이들에게 전하고 싶은 메시지는?

87

가스펠 설교
(15~30분)

들어가기

준비물 '가서 전하라!'라는 문구가 새겨진 모자, 성경, 책 3~4권

인도자가 모자를 쓰고, 성경과 책을 들고 들어온다.

다시 만나서 반가워요! 혹시 오늘 처음 온 사람 있나요? 환영합니다! 저는 인도자의 이름이고요, '가서 전하라!'라는 캠페인을 펼치고 있어요. 이 캠페인은 저와 여러분이 한 팀이 되어 예수님에 대해 더 알아가고, 또 사람들에게 예수님을 전하는 일이지요.

사실 몇몇 사람에게서 우리 캠페인이 전하는 복음을 듣고도 확신이 들지 않는다는 말을 들었어요. 사람들이 이 일에 대해 의심의 눈길을 보내면 기운이 빠지기도 해요. 저라고 모든 답을 알고 있는 것은 아니니까요. 그래도 오늘 성경 이야기를 통해 새로운 용기를 얻기를 기대해요.

⊕ 연대표

예수님이
부활하셨어요

예수님이 엠마오로 가는
제자들을 만나셨어요

예수님이 제자들에게
나타나셨어요

예수님이 도마에게
나타나셨어요

연대표에서 지난 성경 이야기를 가리킨다. 지난 성경 이야기에서는 예수님이 제자들에게 나타나 자신의 손과 옆구리를 보여 주셨어요. 함께 식사도 하시고요. 예수님은 자신이 살아났다는 것을 증명하셨어요! 하지만 도마는 예수님이 나타나셨을 때 그 자리에 있지 않았어요. 연대표에서 오늘의 성경 이야기를 가리킨다. 오늘 성경 이야기의 제목은 "예수님이 도마에게 나타나셨어요"예요. 도마는 예수님이 죽은 자 가운데서 살아나셨다는 말을 믿지 않았어요. 과연 도마는 어떻게 자기 생각을 바꾸게 되었는지 함께 이야기를 들어 보아요.

◉ 성경의 초점

이번 단원의 '성경의 초점' 질문이 무엇인지 기억하나요? "그리스도인의 사명은 무엇인가요?"예요. 예수님을 믿는 사람에게는 해야 할 일이 있어요. 우리 함께 답을 말해 볼까요? **우리의 사명은 성령님의 능력으로 모든 민족을 제자로 삼는 거예요.**

하나님은 우리가 다른 사람에게 예수님을 전하게 하려고 우리를 부르셨어요. 좋은 소식을 들어야 그것을 믿을 수 있고, 전하는 사람이 있어야 들을 수 있는 법이지요! 정말 대단한 일처럼 보이지 않나요? 실제로 복음을 전하는 것은 대단한 일이에요! 하나님은 그 일을 해낼 수 있는 능력을 성령님을 통해 우리에게 주세요.

📖 성경 이야기

요한복음 20장을 펴고, 설교 영상(지도자용 팩)을 보여 주거나 이야기 성경을 들려준다. 이야기하는 동안 특정 표현이나 단어가 나올 때마다 그것에 해당하는 행동을 하면서 아이들이 따라 하게 한다. (예: '의심하다'나 '믿지 않는다'-어깨를 으쓱이며 고개를 젓는다. '보다'-눈을 가리킨다. '손'-두 손을 들어 올린다 등) 또는 자원하는 아이 2명을 뽑아 도마와 예수님 역할을 하게 한다. 이야기에 따라 예배실 앞쪽을 걸어 다니며 도마와 예수님 사이에 일어난 일을 연기하게 한다.

예수님이 죽은 자 가운데서 살아나셨다는 소식은 너무 놀랍고도 좋은 소식이라 믿기가 어려웠어요. 도마만 예수님의 부활을 의심했던 것은 아닐 거예요. 예수님의 무덤을 지키던 군인들이 부활에 대해 거짓말을 하도록 명령을 받았던 것 기억하나요? 그들은 제자들이 예수님의 시신을 훔쳐 갔다고 사람들에게 거짓말을 했어요. 어쩌면 그 말이 예수님이 다시 살아나셨다는 소식보다 더 믿기 쉬웠을 거예요.

제자들은 "예수님이 살아나셨다!"라고 말하며 부활이 사실이라고 주장했어요. 도마는 그 말을 믿었나요? 아이들의 대답을 기다린다. 아니에요. 믿으려고 하지 않았어요. 도마는 증거를 원했어요. 살아나신 예수님을 직접 보고 싶었지요.

예수님이 도마에게 나타나셨어요. 그가 찾고 있는 증거를 보여 주셨어요. **예수님이 의심하는 도마에게 손과 옆구리를 보여 주셨어요.** 이제 도마가 믿었나요? 아이들의 대답을 기다린다.

믿었어요! 예수님은 "나를 보지 않고도 믿는 사람은 복이 있다"라고 말씀하셨어요.

지금 예수님은 하나님 아버지와 함께 하늘에 계세요. 하지만 우리는 예수님이 눈에 보이지 않아도 믿을 수 있어요. 그것이 바로 믿음이에요. 성경은 믿음이 하나님이 주시는 선물이라고 말해요(엡 2:8~9). 예수님을 믿기 힘들다면 믿음을 달라고 하나님께 기도해 보세요. 믿음을 주시고 예수님을 믿을 수 있게 도와달라고 매일 기도하세요.

 ## 가스펠 링크

도마는 죽은 자 가운데서 다시 살아나신 예수님을 보았어요. 예수님이 우리 죄 때문에 십자가에 달렸을 때 입은 상처도 보았어요. 우리는 예수님을 보지 못했지만, 예수님은 예수님을 보지 않고도 믿는 사람에게 복이 있다고 하셨어요.

지금 우리는 예수님을 직접 볼 수 없어요. 우리는 제자들과 예수님을 목격한 다른 사람들의 증언을 듣고 예수님을 믿어요. 예수님이 성경과 고고학과 역사를 통해 주신 증거들을 통해 믿어요. 우리는 보지 않고도 믿어요. 바로 믿음으로 예수님을 믿지요.

 ## 찬양

복음을 전하라

평강이 있을지어다
내 양을 먹이라
나를 따르라 하시네
말씀대로 다시 사신 이 기쁜 소식을
다시 오실 주님 전하라

온 세상에 복음을 전해요
모든 민족 제자로 삼아요
아버지와 아들과 성령 안에서
한 가족 되어요.

 ## 복음 초청

성경과 37쪽 복음 초청 가이드를 이용해서 아이들에게 그리스도인이 되는 법을 설명해 준다. 따로 상담해 줄 사람을 정해 주고 궁금한 점이 있으면 물어보도록 격려한다.

이 시간 예수님을 마음에 모시고 싶은 친구는 함께 기도해요.

 ## 기도

하나님, 보지 않고 믿는 것은 참 어렵습니다. 하지만 보지 않고도 믿고 싶습니다. 예수님이 우리의 구원자라는 것을 믿다가도 때로는 믿음이 약해지기도 합니다. 믿음이 흔들리지 않도록 우리를 도와주세요. 보지 않고도 믿는 복을 주시고, 성령님의 도우심으로 다른 사람에게 복음을 전하는 우리가 되게 해 주세요. 예수님의 이름으로 기도합니다. 아멘.

 ## 적용

TIP 설교 도입이나 적용으로 활용하거나 영상을 본 뒤 소그룹으로 나누어 풍성한 대화를 이어 갈 수 있습니다.

사실이라고 믿기에는 너무 좋은 소식을 들은 적 있나요? 실제로 그 일은 사실이었나요? 이 질문을 생각하며 오늘의 영상을 함께 보아요.

적용 예화 영상(지도자용 팩)을 보여 준 후, 다음의 질문으로 이야기를 나눈다.

1 아이는 왜 믿기 어려웠을까요?

2 사람들은 왜 예수님을 믿기 어려워할까요?

3 예수님을 믿지 않는 사람을 보면 어떻게 할 수 있을까요?

4 그리스도인의 사명은 무엇인가요? (우리의 사명은 성령님의 능력으로 모든 민족을 제자로 삼는 거예요.)

보지 않고 믿는 것은 힘든 일이에요. 우리는 믿음으로 예수님을 믿어요. 예수님을 직접 보지는 못했지만, 예수님이 자신에 관해서 하신 말씀이 모두 사실이라고 믿지요. 믿음은 하나님이 주시는 선물이에요. 믿음을 달라고 하나님께 기도해요.

가스펠 소그룹
(10~20분)

나침반

바로 잡기

준비물 3단원 암송(134쪽), 화이트보드, 보드마커, 지우개

① 화이트보드에 3단원 암송 구절을 적고, 핵심 단어들을 다른 단어로 바꾸어 둔다.

예) "내가 전한 것을 먼저 너희에게 받았노니 이는 성경대로 그리스도께서 우리 죄를 위하여 사시고 장사 지낸 바 되셨다가 성경대로 열흘 만에 다시 죽으시사"

② 아이들과 고린도전서 15장 3~4절을 큰 소리로 함께 읽는다.

③ 화이트보드에 쓴 암송 구절을 보여 주고, 무엇이 잘못되었는지 찾아 보라고 한다.

④ 자원하는 아이가 있으면 앞으로 나와 잘못된 부분을 고치게 한다.

—— 이 성경 구절을 쓴 사람이 누군지 기억하나요? (바울) 바울이 누구에게 쓴 편지인가요? (고린도에 있는 그리스도인들) 바울은 가장 중요한 소식이 무엇이라고 말했나요? (복음, 예수님에 관한 기쁜 소식) 여러분도 다른 사람에게 예수님에 관한 좋은 소식을 전하고 싶을 때 이 성경 구절을 떠올려 보세요. 예수님은 우리 죄 때문에 죽으시고, 장사되시고, 3일 만에 다시 살아나셨어요. 성경이 말한 그대로 말이에요!

보물 지도

성경 이야기 복습

준비물 성경

① 성경에서 요한복음 20장 24~29절을 찾으라고 한다.

② 질문에 대답할 때, 정답의 근거가 되는 성경의 장과 절을 함께 말하라고 한다.

1 도마는 예수님의 부활을 믿으려면 무엇을 보아야겠다고 말했나요?

예수님의 손과 옆구리 (요 20:25)

2 제자들이 모인 방에 나타나신 예수님은 무슨 말씀을 하셨나요?

"너희에게 평강이 있을지어다" (요 20:26)

3 예수님의 손과 옆구리를 본 도마는 무엇이라고 말했나요?

"나의 주님이시요 나의 하나님이시니이다" (요 20:28)

③ 다음의 질문으로 아이들과 함께 이야기를 나눈다.

· 도마는 왜 예수님의 부활을 믿기 어려웠을까요?

· 예수님에 대해 의심해 본 적이 있나요? 그렇거나 혹은 그렇지 않은 경우 그 이유는 무엇인가요?

· 하나님에 대해 궁금한 점은 무엇인가요? 또는 하나님께 물어보고 싶은 것이 있나요?

탐험하기

무엇을 믿을까?

준비물 학생용 교재 36쪽, 연필

① 아래 문장 중 의심없이 믿는 내용에 ○표 해 보라고 하고 왜 믿는지 물어본다.

② 도마는 예수님이 부활하셨다는 것을 어떻게 믿게 되었는지, 우리는 예수님이 부활하신 것을 왜 믿는지 물어보고 빈칸에 적어 보라고 한다.

—— 예수님이 의심하는 도마에게 손과 옆구리를 보여 주셨어요. 예수님은 믿지 않는 도마가 직접 만져 보게 하셨어요. 하지만 보지 않고 믿는 자에게 복이 있다고 말씀하셨지요. 예수님은 우리와 항상 함께하시지만, 우리 눈에 보이지는 않아요. 그래서 우리도 도마처럼 예수님이 살아 계신다는 것을 의심할 때가 있지요. 예수님이 우리와 함께하신다는 사실을 늘 잊지 않고 기억하길 바라요.

믿을 수 있니?

준비물 학생용 교재 37쪽, 연필, 성경

① 아이들에게 각 문장의 빈칸에 알맞은 답을 써 넣게 한다.

② 답을 잘 모르면 사다리 타기를 하며 문장과 관련된 성경 구절을 찾아 답을 쓰게 한다.

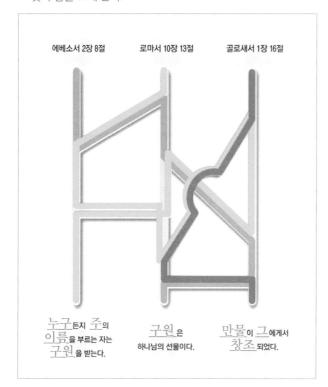

예베소서 2장 8절　　로마서 10장 13절　　골로새서 1장 16절

누구든지 주의 이름을 부르는 자는 구원을 받는다.

구원은 하나님의 선물이다.

만물이 그에게서 창조되었다.

―――― 예수님에 관한 성경 구절을 찾아보았어요. 성경은 누구든지 예수님을 믿는 자는 구원을 얻게 된다고 말해요. 때로는 성경이 하는 말을 믿기 어려울 때가 있어요. 도마처럼 예수님의 부활은 일어날 수 없는 일이라 생각할 때도 있지요. 하지만 하나님에게는 불가능한 일이 없고, 하나님은 지금도 우리를 구원하기 위해 끊임없이 일하고 계신다는 것을 잊으면 안 돼요.

상자에 든 것은? *

준비물 선물 상자 6개, 다양한 물건, 탁자, 의자 2개

① 선물 상자 6개를 준비하고, 이상한 물건이나 재밌는 물건을 각 상자 안에 넣어 탁자 위에 올려 둔다.

② 술래 2명을 뽑아 탁자를 사이에 두고 서로 마주 앉게 한다.

③ 한 아이에게만 상자 안의 물건을 보여 준다.

④ 물건을 본 아이가 다른 아이에게 자기가 본 것을 설명해 주라고

한다. 이때 실제로 상자 안에 들어 있는 물건을 설명해도 되고, 가상의 물건을 설명해도 된다고 알려 준다.

⑤ 맞은편에 앉은 아이에게 그것이 실제로 있는 물건인지 아닌지를 맞혀 보라고 한다.

⑥ 상자 안에 있는 물건을 꺼내 함께 확인한다.

⑦ 정해진 시간 안에서 술래들을 다시 뽑아 놀이를 계속한다.

―――― 보지 않고 믿는 것은 힘든 일이지요? 믿음은 하나님이 주시는 선물이에요. 우리는 믿음을 달라고, 우리가 믿을 수 있도록 도와달라고 하나님께 기도할 수 있어요. **예수님이 의심하는 도마에게 손과 옆구리를 보여 주셨어요.** 그런 다음 보지 않고도 믿는 사람들에게 복이 있다고 말씀하셨지요.

보물 상자

나만의 기록장

준비물 학생용 교재 38쪽, 연필

아이들에게 다음 질문에 대해 생각하고 글로 써 보라고 한다.

이 성경 이야기가 말하고 있는...

· 하나님이나 복음에 관한 사실은?

· 나에 관한 사실은?

· 순종해야 할 하나님의 말씀은?

　그 말씀은 어떻게 하나님께 영광이 되고, 나에게는 유익이 될까요?

· 기억해야 할 하나님의 약속은?

　그 약속은 내가 하나님을 믿고 사랑하는 데 어떤 도움이 되나요?

메시지 카드

이번 주 메시지 카드로 부모님과 함께 오늘 배운 성경 이야기를 나누어 보라고 한다.

기도

하나님, 예수님을 보내 주셔서 감사합니다. 우리를 위해 죽으시고 부활하신 예수님을 찬양합니다. 때로는 도마처럼 예수님의 부활을 믿지 못하고 의심하기도 합니다. 하지만 보지 않고도 믿을 수 있는 믿음을 주시고, 지금도 우리와 함께 하시는 하나님을 더욱더 바라보게 해 주세요. 예수님의 이름으로 기도합니다. 아멘.

10

예수님이 베드로에게 나타나셨어요

요 21:1~19

성경의 초점

그리스도인의 사명은 무엇인가요?
우리의 사명은 성령님의 능력으로
모든 민족을 제자로 삼는 거예요.

부활하신 예수님이 제자들에게 나타나신 후, 제자 중 일곱 명은 갈릴리로 돌아갔습니다. 예수님이 처음에 사람을 낚는 어부가 되게 하려고 제자들을 부르셨던 호수와 가까운 곳이었습니다(눅 5:1~11 참조). 제자들은 물고기를 잡고 있었습니다. 제자로서 할 일이 끝난 것 같으니 본업인 어부의 자리로 돌아가는 것이 합리적이라고 생각했는지도 모릅니다. 하지만 그것은 그들만의 생각이었습니다!

성경 시대 사람들은 밤에 물고기 잡는 것을 더 선호했습니다. 밤에 물고기를 잡아야 아침에 신선한 상태로 시장에 내다 팔 수 있었으니까요. 하지만 새벽이 되도록 제자들은 아무것도 잡지 못했습니다. 예수님이 호숫가에 서 계셨지만, 제자들은 그분이 예수님인 줄 몰랐습니다. 예수님은 제자들에게 "얘들아 너희에게 고기가 있느냐"(요 21:5)라고 물으셨습니다. 그러고는 배 오른쪽에 그물을 던져 보라고 충고하셨습니다. 제자들이 말씀대로 하자, 그물을 끌어당길 수 없을 만큼 많은 물고기가 잡혔습니다.

요한은 그분이 누구인지 알아차렸습니다. 그래서 "주님이시다!"라고 말했지요. 베드로는 얼른 겉옷을 두르고 호수로 뛰어들어 해변까지 100m 정도 되는 거리를 헤엄쳐 갔습니다. 나머지 제자들이 배를 타고 해변에 도착하니 예수님이 숯불에 생선과 떡을 굽고 계셨습니다. 예수님은 "와서 조반을 먹어라"라고 말씀하시고 제자들과 함께 식사를 하셨습니다. 그리고 예수님은 베드로에게 말을 거셨습니다.

요한복음 21장 15~19절은 베드로가 회복되는 모습을 기록합니다. 예수님을 위해 기꺼이 죽겠다고 장담하던 제자가(눅 22:31~34 참조) 그분을 3번이나 부인했습니다(눅 22:54~62 참조). 예수님은 베드로에게 예수님을 사랑하는지 3번 물으셨습니다. 그때마다 베드로는 그렇다고 대답했고, 예수님은 그에게 예수님의 양을 먹이라고 말씀하셨습니다. 예수님이 베드로를 회복시키시고 사역의 자리로 다시 부르신 것입니다.

주 제

예수님이 베드로를 용서하시고
회복시키셨어요.

가스펠 링크

예수님은 여전히 제자들이 하나님의 계획에
쓰임받기를 바라셨어요. 예수님은 우리를
용서하시고 모든 것을 회복시키세요.

● ● 티칭 포인트

제자들을 향한 예수님의 계획은 단지 예수님의 죽음과 부활에서 끝난 것이 아니라는 점을 강조하십시오. 예수님은 자기를 따르라고 제자들을 처음 부르셨을 때, 그들이 사람을 낚는 어부가 되게 하겠다고 약속하셨습니다. 물고기를 낚는 대신 사람들에게 예수님을 전하는 사람이 되게 하겠다는 것입니다(눅 5:1~11 참조). 제자들은 잡혀가는 예수님을 버리고 도망갔지만, 예수님은 여전히 그들이 사람들을 죄에서 구원하려는 하나님의 계획에 쓰임받기를 바라셨습니다. 예수님은 우리를 용서하시고 모든 것을 회복시키는 주님이십니다.

예수님이 베드로에게 나타나셨어요 요 21:1~19

예수님은 십자가에서 죽은 지 3일 만에 다시 살아나셨어요. 그리고 제자들에게 여러 번 나타나 자신이 부활했다는 사실을 증명하셨어요. 하루는 예수님이 갈릴리 호수에서 물고기를 잡고 있는 제자들을 만나셨어요.

베드로와 다른 제자들은 배를 타고 물 위에서 밤을 새웠지만 물고기를 한 마리도 잡지 못했어요. 다음 날 아침 해가 뜰 무렵에 예수님이 호숫가에 오셨어요. 제자들은 그분이 예수님이신 줄 몰랐어요. 예수님은 "얘들아, 물고기를 좀 잡았느냐?"라고 물으셨어요.

제자들은 "한 마리도 잡지 못했소"라고 대답했지요. 예수님은 "그물을 배 오른쪽에 던져 보아라. 그러면 고기가 잡힐 것이다"라고 말씀하셨어요. 제자들이 예수님의 말씀대로 하자 그물을 잡아당길 수 없을 정도로 많은 물고기가 잡혔어요!

제자 중 한 명이 베드로에게 "주님이시다!"라고 말했어요. 베드로는 얼른 겉옷을 두르고 물에 뛰어들어 호숫가까지 헤엄쳐 갔어요. 나머지 제자들은 배를 타고 물고기가 가득한 그물을 끌며 호숫가에 도착했어요. 제자들이 배에서 내리니 예수님이 숯불에 물고기와 떡을 굽고 계셨어요. 예수님은 "잡은 생선을 좀 가져오너라"라고 말씀하셨어요. 베드로가 그물을 당겨 물고기를 꺼내 보니 큰 물고기가 153마리나 되었어요!

예수님이 제자들에게 와서 아침을 먹으라고 말씀하셨어요. 예수님은 떡을 가져다가 제자들에게 나누어 주셨어요. 그런 다음 생선도 나누어 주셨지요. 이 것은 예수님이 죽은 자 가운데서 살아나신 뒤 제자들에게 3번째로 나타나신 일이었어요.

예수님이 베드로에게 말을 건네셨어요. "네가 이 사람들보다 나를 더 사랑하느냐?" 베드로는 "네, 주님. 제가 주님을 사랑하는 것을 주님이 아십니다"라고 대답했어요. 그러자 예수님이 "내 어린양 떼를 먹여라"라고 말씀하셨어요.

예수님이 베드로에게 다시 물으셨어요. "네가 나를 사랑하느냐?" 베드로가 "네, 주님. 제가 주님을 사랑하는 것을 주님이 아십니다"라고 대답했어요. 그러자 예수님이 "내 양을 돌보아라"라고 말씀하셨어요.

예수님은 이번에도 베드로에게 "네가 나를 사랑하느냐?"라고 물으셨어요. 베드로는 예수님이 세 번이나 같은 질문을 하시자 슬펐어요. 그는 정말로 예수님을 사랑했거든요! "주님, 주님은 모든 것을 아십니다. 제가 주님을 사랑하는 것을 주님이 아십니다"라고 베드로가 대답했어요. 예수님은 "내 양 떼를 먹여라"라고 말씀하셨어요. 예수님은 베드로가 하나님께 영광을 돌릴 것이라고 말씀하셨어요. 그런 다음 "나를 따르라!"라고 말씀하셨어요.

● ● 가스펠 링크

예수님은 제자들을 부르시면서 사람을 낚는 어부가 되게 하겠다고 약속하셨어요. 사람들에게 예수님을 전하게 하겠다는 거예요(눅 5:1~11 참조). 하지만 제자들은 잡혀가는 예수님을 버리고 도망갔어요. 예수님을 모른다고 *부인하기도 했어요. 그러나 예수님은 여전히 그들이 하나님의 계획에 쓰임받기를 바라셨어요. 예수님은 우리를 용서하시고 모든 것을 회복시키세요.

*부인하다 : 어떤 사실을 인정하지 않다.

가스펠 준비
(10~20분)

 환영

도착하는 아이들을 반갑게 맞이하고 헌금, 출석, QT 등을 확인하며 격려한다. 새 친구가 있다면 소개한다. 편안한 분위기에서 안부를 물으며 오늘의 말씀과 관련된 화제로 이야기를 나눈다. 아이들에게 다른 사람의 말이나 행동 때문에 마음이 아팠던 적이 있는지 물어본다. 그 사람을 용서해 주었는지, 용서하는 일이 쉬웠는지, 어려웠는지 이야기를 나눈다. 자발적으로 대화에 참여하도록 이끈다.

예) "다른 사람의 말이나 행동 때문에 마음이 아팠던 적이 있나요?", "그 사람을 용서해 주었나요?" 등.

──── 누군가를 용서하는 일은 쉽지 않아요. 특히 누군가의 잘못으로 마음이 너무 아팠을 때는 더욱 그렇지요. 하지만 우리는 예수님을 통해 용서를 배울 수 있어요. 오늘 성경 이야기를 함께 볼까요?

 마음 열기

'고 피시'(Go Fish) 게임 *

준비물 **트럼프 여러 세트**

① 아이들을 4~8명씩 팀을 나누고, 팀별로 트럼프를 한 세트씩 나누어 준다.

② 팀별로 놀이를 할 수 있도록 '고 피시'(Go Fish) 게임 방법을 설명해 준다.

　1 한 사람이 카드를 5장씩 가지도록 카드를 나누고, 나머지 카드는 뒤집어 바닥에 쌓아 둔다.

　2 순서대로 돌아가며 다른 아이를 지목해 특정 카드가 있는지 물어본다. 예) "3 카드 있어?"

　3 지목된 아이에게 카드가 있으면 카드를 받아 짝이 되는 카드와 함께 즉시 내려놓는다. 2번 순서를 요청한 카드가 없을 때까지 반복한다.

　4 요청한 카드가 없으면 지목된 아이가 "고 피쉬"라고 말하고, 물어본 아이는 바닥에 있는 카드 더미에서 1장을 가져온다.

　5 모든 아이의 손에 든 카드가 없어지면 놀이가 끝난다. 짝이 되는 카드를 가장 많이 모은 사람이 이긴다.

③ 정해진 시간 안에 놀이를 계속한다.

──── 예수님의 제자 중에는 예수님을 만나기 전에 어부였던 사람도 있었어요. 오늘은 제자들을 사람을 낚는 어부로 만들려는 예수님의 계획에 관한 성경 이야기를 들을 거예요!

자모음을 찾으면 *

준비물 **색인 카드, A4용지, 사인펜**

① 종이에 성경 이야기의 주제를 글자 단위로 각각 쓴다. 이때 중간에 자음과 모음이 빠진 상태로 2세트를 만든다.

　예) ㅞ수니이 ㅂㅡ로를 ㅇㅅ하시고 ㅎ복 ㅣ 키셨어요.

② 문장에서 빠진 자모음을 색인 카드에 각각 적어, 예배실 곳곳에 숨겨 둔다.

③ 아이들을 2팀으로 나누고, 종이를 나누어 준다.

④ 아이들에게 예배실에 숨긴 자모음을 찾아 성경 이야기 주제를 완성하게 한다.

⑤ 먼저 주제를 완성한 팀이 이긴다.

──── 완성한 성경 이야기 주제를 함께 큰 목소리로 읽어 볼까요? 아이들과 함께 큰 소리로 성경 이야기 주제를 읽는다. 오늘 성경 이야기에서 예수님은 베드로에게 용서를 베푸셨어요. 과연 베드로가 무엇을 잘못했고, 예수님은 무엇을 용서하셨는지 함께 알아보기로 해요.

교사를 위한 기록장 이 과를 준비하면서 깨닫게 된 묵상을 정리해 보세요.

· 하나님이나 나에 대해 새롭게 알게 된 것은?

· 기억해야 할 하나님의 말씀은?

· 아이들에게 전하고 싶은 메시지는?

가스펠 설교
(15~30분)

 들어가기

준비물 성경, 낚싯대 또는 고기잡이용 그물, '가서 전하라!'라는 문구가 새겨진 모자

인도자가 모자를 쓰고, 성경과 낚싯대를 들고 들어온다.

다시 만나서 정말 반가워요! 저는 인도자의 이름입니다. 지금 우리는 '가서 전하라!'라는 캠페인 중인 것 기억하고 있지요? 우리는 한 팀이 되어 예수님에 대해 더 알아가고, 다른 사람에게 예수님을 전하는 일을 하고 있어요.

모두 이 캠페인에 함께했으면 좋겠어요. 이미 많은 일을 했지만, 아직 시작에 불과해요. 사실 오늘 성경 이야기에서도 예수님이 제자들에게 맡기신 임무가 이제 시작된다는 것을 알 수 있어요! 쉽진 않겠지만 보람 있을 거예요. 모두 준비되었나요?

성경의 초점

좋아요! 이 단원의 '성경의 초점' 질문은 "**그리스도인의 사명은 무엇인가요?**"예요. '사명'이란 여러분에게 맡겨진 일을 말해요. 책임지고 해내야 하는 일이지요. 여러분에게도 책임지고 해야 할 일이 있나요? 늘 하는 집안일 말고, 특별히 부모님이 부탁하신 일 같은 것 말이에요.

예수님을 믿는 사람에게는 사명이 있어요. 아주 중요한 사명이지요! 자, 이제 '성경의 초점'을 함께 말해 볼까요? **그리스도인의 사명은 무엇인가요? 우리의 사명은 성령님의 능력으로 모든 민족을 제자로 삼는 거예요.**

연대표

모든 성경 이야기를 모으면 죄인들을 구하려고 하나님이 자기 아들을 세상에 보내신 하나의 큰 이야기가 된다고 배웠지요? 예수님은 하나님의 구원 계획에 순종해 십자가에서 죽으시고 부활하셨고요.

예수님이 죽은 자 가운데서 살아나신 다음에는 무슨 일이 있었나요? 아이들의 대답을 기다린다. 맞아요! **제자들이 부활하신 예수님을 보았어요.** 제자들은 다시 살아나신 예수님을 만났지요! 과연 제자들의 기분은 어땠을까요? 예수님이 돌아가셔

서 너무나 슬펐는데, 다시 살아나신 모습을 보게 되었으니 말이에요! 정말 놀라운 소식이었을 거예요.

연대표에서 오늘의 성경 이야기를 가리킨다. 오늘 성경 이야기의 제목은 "예수님이 베드로에게 나타나셨어요"예요. 부활하신 예수님이 바닷가에서 몇몇 제자들을 만나신 이야기이지요. 함께 들어 볼까요?

예수님이 부활하셨어요 → 예수님이 엠마오로 가는 제자들을 만나셨어요

예수님이 제자들에게 나타나셨어요 → 예수님이 도마에게 나타나셨어요

예수님이 베드로에게 나타나셨어요 → 예수님이 지상 명령을 주셨어요

 성경 이야기

요한복음 21장을 펴고, 설교 영상(지도자용 팩)을 보여 주거나 이야기 성경을 들려준다. 조용한 파도 소리를 틀어 호숫가 분위기를 연출해 본다. 선풍기를 약하게 틀어 바람 부는 효과를 내도 좋다. 또는 예배 시작 전에 종이에 예수님, 제자들, 배, 물고기, 그물을 그린 후 오려 둔다. 화이트보드나 벽에 그림을 하나씩 붙이며 이야기를 들려준다. 유월절이 끝나고 몇몇 제자들은 고향인 갈릴리로 돌아갔어요. 베드로는 다시 어부가 되기로 했어요. 예수님의 부름을 받기 전에 하던 일이었으니까요. 다른 6명의 제자도 베드로와 함께 갔어요. 밤새 그물을 쳤는데도 물고기를 한 마리도 잡지 못했지요.

해가 뜰 무렵 한 사람이 호숫가에 서서 잡은 물고기가 있는

지 물었어요. 제자들에게는 잡은 물고기가 있었을까요? (없었다) 그러자 그 사람이 그물을 배 오른쪽에 던져 보라고 말했어요. 그대로 했더니 그물을 끌어당길 수 없을 만큼 물고기가 많이 잡혔어요. 요한은 그분이 예수님이라는 사실을 알아차렸어요. 요한에게서 예수님이 오셨다는 말을 들은 베드로는 물에 뛰어들어 호숫가로 헤엄쳐 갔어요.

예수님은 제자들과 아침 식사를 하셨어요. 그런 다음 베드로를 바라보셨지요. 예수님이 베드로에게 무엇이라고 물어보셨나요? ("네가 나를 사랑하느냐?") 맞아요! 예수님은 이 질문을 3번이나 하셨어요. **예수님이 베드로를 용서하시고 회복시키셨어요.** 그리고 그에게 사명을 주셨어요. "내 양을 먹이라"라고 말씀하셨지요.

가스펠 링크

예수님은 제자들을 부르시면서 사람을 낚는 어부가 되게 하겠다고 약속하셨어요. 사람들에게 예수님을 전하게 하시겠다는 거예요(눅 5:1~11 참조). 하지만 제자들은 잡혀가는 예수님을 버리고 도망갔어요. 심지어 베드로는 예수님을 모른다고 3번이나 부인했지요.

아침을 드시면서 예수님은 베드로에게 자신을 사랑하는지 3번 물으셨어요. 지금 예수님은 베드로와 도망갔던 제자들을 용서하신다는 것을 보여 주시는 거예요. **예수님이 베드로를 용서하시고 회복시키셨어요.** 그 모든 일을 겪고도 예수님은 여전히 그들이 하나님의 계획에 쓰임받기를 바라셨어요. 예수님은 우리를 용서하시고 모든 것을 회복시키세요.

복음 초청

성경과 37쪽 복음 초청 가이드를 이용해서 아이들에게 그리스도인이 되는 법을 설명해 준다. 따로 상담해 줄 사람을 정해 주고 궁금한 점이 있으면 물어보도록 격려한다.

이 시간 예수님을 마음에 모시고 싶은 친구는 함께 기도해요.

기도

하나님, 우리에게 말씀을 주셔서 감사합니다. 예수님이 베드로를 용서하신 이야기를 듣고 참 기쁩니다. 우리도 베드로와 같이 예수님을 부끄러워할 때가 있고 죄를 짓기도 합니다. 하지만 하나님은 우리가 회개하고 하나님께 나오면 기꺼이 용서해 주십니다. 우리를 용서하고 회복시키시는 하나님의 은혜를 늘 기억하며 살 수 있도록 인도해 주세요. 예수님의 이름으로 기도합니다. 아멘.

적용

TIP 설교 도입이나 적용으로 활용하거나 영상을 본 뒤 소그룹으로 나누어 풍성한 대화를 이어 갈 수 있습니다.

큰 실수를 하거나 나쁜 짓을 하고 용서를 구한 적이 있나요? 이 질문을 생각하며 오늘의 영상을 함께 보아요.

적용 예화 영상(지도자용 팩)을 보여 준 후, 다음의 질문으로 이야기를 나눈다.

1 아이는 왜 팀에 뽑히지 않을 것이라 생각했을까요? 뽑혔을 때 아이의 기분은 어땠을까요?

2 팀의 주장은 왜 한 번 더 기회를 주었을까요?

3 예수님은 어떤 방식으로 우리에게 기회를 주시나요?

4 우리가 예수님을 사랑한다는 것을 어떻게 표현할 수 있을까요?

예수님은 제자들을 포기하지 않으셨어요. 그들의 실수에도 불구하고 세상에 복음을 전하려는 하나님의 계획에 제자들이 쓰임받기를 바라셨어요. 하나님은 어떤 상황에서도 우리를 사용하실 수 있어요. 절대로 포기하지 않고 우리를 사랑하세요.

가스펠 소그룹
(10~20분)

 나침반

음악으로 암송하기

준비물 **3단원 찬양 음원**(지도자용 팩), **3단원 암송**(134쪽), **물고기 장난감**

① 아이들을 둥그렇게 앉히고, 3단원 암송을 함께 큰 소리로 여러 번 읽는다.

② 한 아이에게 물고기 장난감을 주고, 인도자가 음악을 틀면 물고기를 옆 사람에게 전달하라고 한다.

③ 인도자가 음악을 멈추고, 물고기를 들고 있는 아이에게 암송 구절의 첫 어절을 말하게 한다.

④ 오른쪽으로 돌아가며 한 사람씩 다음 어절을 이어 말하게 한다.

⑤ 정해진 시간 안에 놀이를 반복하며 암송 구절을 외우게 한다.

　　정말 잘했어요! 암송 구절을 아직 다 못 외운 사람은 이번 한 주간 꼭 외워 보세요. 바울은 고린도에 있는 그리스도인들에게 이 편지를 썼어요. 예수님이 우리를 위해 하신 일, 즉 복음이 가장 중요하다는 점을 일깨워 주려고 했지요.

 보물 지도

잡은 물고기를 나열해요

준비물 **성경**, **'성경 이야기 한 줄'**(지도자용 팩)

① 지도자용 팩에서 '성경 이야기 한 줄'을 출력해 잘라 뒤섞어 둔다.

② 신약성경에 있는 책의 이름을 가능한 한 많이 순서대로 말해 보라고 한다.

③ 아이들에게 성경에서 요한복음 21장을 찾으라고 한다.

　　요한복음은 신약성경 4번째에 나오는 복음서예요. 복음서는 예수님의 삶과 죽음 그리고 부활에 대해 알려 주는 책이지요. 오늘 성경 이야기는 예수님이 부활하신 이후에 있었던 일을 다루고 있어요. 함께 복습해 볼까요?

④ 아이들에게 자른 종이를 하나씩 나누어 주고, 한 명씩 돌아가며 종이에 적힌 대로 읽게 한다.

⑤ 오늘 배운 성경 이야기의 순서대로 종이를 함께 정리해 보라고 한다.

⑥ 정리한 내용을 요한복음 21장 1~19절과 비교해 보고, 아이들에게 질문한다. 질문에 대답할 때, 정답의 근거가 되는 성경의 장과 절을 함께 말하라고 한다.

1 갈릴리 바다로 물고기를 잡으러 간 사람은 누구였나요?

베드로, 도마, 나다나엘, 세베대의 아들들, 다른 제자 둘 (요 21:1~3)

2 예수님이 오시기 전에 제자들은 물고기를 몇 마리나 잡았나요?

한 마리도 못 잡았다 (요 21:3)

3 물고기를 잡으려면 어떻게 하라고 예수님이 말씀하셨나요?

그물을 배 오른쪽에 던지라고 말씀하셨다 (요 21:6)

4 제자들은 물고기를 몇 마리 잡았나요? 153마리 (요 21:11)

5 예수님이 베드로에게 3번이나 물어보신 말은 무엇인가요?

"네가 나를 사랑하느냐?" (요 21:15~17)

⑦ 다음의 질문으로 아이들과 함께 이야기를 나눈다.

· 예수님은 왜 베드로에게 같은 질문을 3번이나 하셨을까요?

· 베드로에게 "내 양을 먹여라"라고 하신 말씀은 무슨 뜻일까요?

 탐험하기

용서할 수 있는 것

준비물 **학생용 교재 40쪽, 연필**

① 아이들에게 베드로가 예수님께 잘못한 내용과 예수님이 베드로를 어떻게 용서하셨는지 서로 이야기해 보게 한다.

② 너무 큰 잘못을 저질러서 용서받을 수 없을 것이라고 생각했던 적이 있었는지 물어본다. 그 경험을 그림이나 글로 표현해 보게 한다.

예시

아빠가 집에서 공을 가지고 놀지 말라고 하셨는데 벽에 공을 던지고 놀다가 시계를 쳐서 시계가 떨어져서 망가졌을 때. 근데 아빠가 한숨만 쉬시고 혼내지 않으셨다.

아빠 사랑해요!

　　용서는 잘못한 것에 대해서 꾸짖거나 벌을 주지 않고

덮어 주는 것을 말해요. 누군가에게 용서받은 적이 있나요? 누군가를 용서한 적이 있나요? 예수님은 오늘 성경 이야기에서 베드로를 용서해 주셨어요. 그뿐만 아니라 우리도 용서해 주셨지요. 예수님이 십자가에서 죽으셔서 우리의 죄가 용서받은 거예요. 예수님은 우리를 죄에서 구원해 주신 우리의 구세주랍니다.

그날의 대화

준비물 **학생용 교재 41쪽, 연필**

뒤섞인 자모음의 순서를 바로잡아 빈칸에 넣어 예수님과 베드로의 대화를 완성해 보라고 한다.

제자들은 잡혀가는 예수님을 버리고 도망갔지만 예수님은 여전히 그들이 하나님의 계획에 쓰임받기를 바라셨어요. 예수님은 베드로에게 "네가 나를 사랑하느냐?"라고 3번이나 질문하셨고, 베드로는 "내가 주님을 사랑하는 것을 주님이 아십니다"라고 대답했어요. 예수님은 베드로에게 "나를 따르라"라고 말씀하셨어요. 예수님은 우리를 용서하시고 모든 것을 바로잡으시는 분이에요.

3가지 질문 ✶

준비물 **색인 카드, 사인펜**

① 색인 카드를 인원수대로 준비하고, 그중 몇 장에 '그리스도인의 사명은 무엇인가요?'라고 적는다. 나머지 카드에는 '우리의 사명은 성령님의 능력으로', '모든 민족을 제자로 삼는 거예요'라고 쓴다.

② 아이들을 둥그렇게 세우고, 술래를 한 명 뽑아 한가운데에 세운다.

③ 아이들에게 색인 카드를 하나씩 나누어 준다.

④ 술래에게 3단원 '성경의 초점' 질문을 말한 뒤 대답의 앞부분이 적힌 카드를 가지고 있을 것 같은 아이를 가리키라고 한다.

⑤ 지목을 받은 아이가 가지고 있는 카드가 앞부분이 맞으면 카드를 술래에게 주고 자리에 앉으라고 한다. 술래에게 다음 구절이 적힌 카드를 가지고 있을 것 같은 다른 아이를 가리키게 한다.

⑥ 두 번째 지목을 받은 아이가 해당하는 카드를 가지고 있으면, 술래에게 카드를 주고 제자리에 앉으라고 한다.

⑦ 해당하는 카드를 가지고 있지 않으면, 지목된 아이가 새로운 술래가 되어 놀이를 이끈다.

⑧ 3단원 '성경의 초점' 질문과 답을 먼저 모은 아이가 이긴다.

예수님이 베드로에게 3번이나 물어보신 말은 무엇이었나요? ("네가 나를 사랑하느냐?") **예수님이 베드로를 용서하시고 회복시키셨어요.** 우리도 베드로처럼 예수님을 향한 사랑을 순종으로 표현할 수 있어요. 예수님은 하나님을 알고 사랑하며 다른 사람에게 복음을 전하게 하려고 모든 그리스도인을 부르셨어요.

배 오른쪽에 던져 보아라 ✶

준비물 **이불, 스톱워치**

① 아이들을 예배실 한쪽 끝에 세우고, 술래를 한 명 뽑는다. 술래는 어부이며, 나머지 아이는 물고기라고 말해 준다.

② 물고기 역할을 맡은 아이들에게 이불(그물) 위에 앉으라고 한다.

③ 어부는 그물을 끌고 예배실 반대편까지 빠르게 갔다 와야 한다고 말해 준다.

④ 물고기들은 그물에서 떨어지지 않게 잘 버텨야 하며, 그물에서 떨어지면 모두 탈락이라고 말해 준다.

⑤ 어부가 도착하는 시간을 재고, 모든 아이가 어부 역할을 할 수 있도록 한다.

⑥ 예배실 반대편까지 가장 빨리 갔다 온 아이가 이긴다.

가스펠 소그룹
(10~20분)

—— 제자들은 밤새 물고기를 잡았지만, 예수님이 말씀하시기 전에는 한 마리도 잡지 못했어요. 이제 **예수님이 베드로를 용서하시고 회복시키셨어요.** 우리도 베드로처럼 예수님께 순종하고 사람들에게 예수님을 전하는 것으로 예수님을 향한 우리의 사랑을 표현할 수 있어요.

용서 편지 쓰기 ⭐

`준비물` 편지지, 연필

① 누군가에게 용서받아야 할 일이 있는지 생각해 보라고 한다.

② 용서를 구할 사람에게 편지를 쓰게 하고, 편지를 전달하게 한다.

—— 부모님, 친구, 선생님 누구든 좋아요. 직접 말로 하기 어려워 용서를 구하지 못했던 일이 있다면 용서를 구하는 편지를 써 보세요. 그리고 편지를 전해 보세요.

③ 내가 용서하지 못한 일이 있다면 글로 적게 한다.

누군가가 나에게 잘못했을 때 마음이 어땠는지 글로 적어 보세요. 비록 마음이 아프고 슬프고 속상해서 그 사람을 용서하는 것이 어렵더라도, 비 온 뒤에 땅이 굳는 것처럼 더 견고한 관계가 될 수 있을 거예요.

 보물 상자

나만의 기록장

`준비물` 학생용 교재 42쪽, 연필

아이들에게 다음 질문에 대해 생각하고 글로 써 보라고 한다.

이 성경 이야기가 말하고 있는...

· 하나님이나 복음에 관한 사실은?

· 나에 관한 사실은?

· 순종해야 할 하나님의 말씀은?

　그 말씀은 어떻게 하나님께 영광이 되고, 나에게는 유익이 될까요?

· 기억해야 할 하나님의 약속은?

　그 약속은 내가 하나님을 믿고 사랑하는 데 어떤 도움이 되나요?

메시지 카드

이번 주 메시지 카드로 부모님과 함께 오늘 배운 성경 이야기를 나누어 보라고 한다.

기도

하나님, 아들이신 예수님을 이 땅에 보내 주시고 우리 죄를 용서해 주셔서 감사합니다. 우리는 늘 넘어지고 실패하지만, 그럴 때마다 우리에게 다시 일어날 힘을 주시는 것을 믿습니다. 주님이 우리에게 맡기신 일을 잘 해낼 수 있도록 인도해 주세요. 예수님의 이름으로 기도합니다. 아멘.

아이들은 왜 교회에서 말썽을 피울까요?

혹시 아이들이 주일 아침마다 "하나님, 오늘 우리 선생님을 괴롭힐 수 있도록 도와주세요!"라고 기도하지는 않을까 생각해 본 적이 있습니까? 아이들은 이런 기도를 하지 않습니다.

아이들도 나름대로 인생의 짐을 짊어지고 교회 문을 들어섭니다. 그리고 이 인생의 문제 때문에 느닷없는 행동을 하기도 합니다.

아이들이 왜 그런 행동을 하는지 몇 가지 이유를 살펴보겠습니다. 또 이런 아이들을 어떻게 대해야 하는지에 대한 간단한 조언을 나누려고 합니다.

표현력 부족
신체적, 정신적으로 성장이 부진하다고 느끼는 아이는 무의식적으로 자신의 부족함을 감추기 위해 갑작스러운 행동을 할 수 있습니다. 아이를 성인의 축소판으로 생각하지 말고 존중해 주십시오.

보살핌이 필요하다는 신호
배고프고, 급하고, 헝클어진 모습으로 나타나는 아이는 음식, 여유, 관심이 필요할 수 있습니다. 아이와 아이 가족의 이름을 부르며 기도해 주십시오. 하나님의 눈으로 아이를 보게 해 달라고 기도하십시오.

소속감 결여
소외감을 느끼는 아이는 받아들여지지 못했다거나 또는 소속되지 못했다는 느낌으로 힘거워합니다. 아이들 한 명 한 명이 소속감을 느낄 수 있도록 다양한 방법으로 접근하십시오.

권위
모든 아이는 누구에게 권위가 있는지, 결정권을 누가 가지고 있는지를 알아야 합니다. 교사는 "우리 반에서는 이것이 규칙이야"라고 말해도 됩니다. 단, 주어진 부서나 소그룹에서 일어나는 일에 대해서만 통제할 수 있습니다.

관심
아이들은 말썽을 피우는 것이 관심을 받는 유일한 방법이라는 것을 금방 알아차립니다. 모든 아이에게 관심을 보이는 것을 목표로 삼으십시오.

앙갚음
아이들은 속이 상하거나 화가 나면 다른 사람을 때리거나 괴롭히는 행동으로 표출할 때가 있습니다. 아이들에게 자신의 감정을 친구에게 '말'로 설명해야 한다고 일러 주십시오.

준비 부족
교사의 준비가 부족한 경우에도 문제 행동이 일어날 수 있습니다. 아이들이 하나님과 예수님에 관한 진리를 발견하는 데 계속 집중할 수 있도록 충분한 자료를 준비하고 모으십시오.

건강 문제
어떤 아이들은 알레르기나 학습 장애를 앓고 있습니다. 반드시 아이들 각각에 대한 정보를 충분히 확보해 아이들이 가지고 있는 장애를 더 잘 이해하도록 하십시오.

애정 결핍
어떤 아이들은 가정에서 여성이나 남성의 역할 모델이 되는 이들의 관심을 받지 못하기도 합니다. 주일학교에 반드시 여자와 남자 교사를 모두 모집하십시오. 하나님은 우리를 통해 아이들에게 균형 잡힌 성 역할을 보여주기를 원하십니다. 교육 현장에 남자와 여자가 함께 참여하는 것은 분위기에도 즉각적인 영향을 미칩니다.

제리 보겔(Jerry Vogel)은 라이프웨이키즈(LifeWay Kids)에서 어린이 사역 전문가로 일했습니다. 제리는 댈러스침례대학(Dallas Baptist University)을 졸업하고 40년간 라이프웨이와 지역 교회에서 사역을 해 왔습니다. 지금은 교회에서 4살짜리 아이들을 가르치고 있습니다.

11 예수님이 지상 명령을 주셨어요

마 28:16~20

본문 속으로

예수님은 죽으시고 부활하신 후 40일에 걸쳐 제자들에게 나타나셨습니다. 그리고 500명이 넘는 사람이 부활하신 예수님을 보았습니다. 이 기간에 예수님은 하나님 나라에 대해 가르치셨습니다(행 1:3 참조). 어떤 제자들은 지금이 예수님께서 이스라엘 왕국을 회복시키실 때인지 궁금해했습니다(행 1:6 참조).

하지만 예수님은 제자들을 향한 다른 계획을 갖고 계셨습니다. 예수님은 열한 제자에게 산으로 가라고 지시하신 후, 그곳에서 그들 앞에 다시 나타나셨습니다. 제자들은 예수님을 경배했지만 몇몇은 여전히 의심했습니다(마 28:17 참조). 예수님은 제자들에게 지상 명령을 주셨습니다. 먼저, 예수님은 하늘과 땅을 다스리는 모든 권한을 받았다고 말씀하셨습니다. 부활 전 예수님은 성자 하나님의 권한을 가지셨습니다. 하지만 예수님이 십자가에서 죽으시고 부활하신 후 성부 하나님은 사탄이 약속한 것보다 훨씬 큰 권한을 예수님에게 주셨습니다(마 4:8~9 참조). 하나님은 모든 것을 사랑하는 아들의 발 아래 두셨습니다(히 2:5~9 참조).

예수님은 자신이 가진 권한으로 제자들에게 명령하셨습니다. 온 세상에 가서 예수님에 관한 기쁜 소식인 복음을 전하라고 말입니다. 지상 명령은 고국을 떠난 선교사들만을 위한 것이 아닙니다. 모든 그리스도인은 다른 사람에게 복음을 전하고, 하나님의 명령을 지키도록 가르치며, 성부와 성자와 성령의 이름으로 세례(침례)를 주도록 부름을 받았습니다. 예수님은 다음과 같은 심오한 약속으로 자신의 명령을 맺으셨습니다. "볼지어다, 내가 세상 끝 날까지 너희와 항상 함께 있으리라"(마 28:20).

●●● 티칭 포인트

아이들에게 지상 명령에 따르는 것이 얼마나 중요한지 가르치십시오. 예수님이 모든 곳과 모든 사람과 모든 때에 대한 권한을 가지셨기 때문에, 우리는 예수님에 관한 기쁜 소식을 모든 곳에서 모든 사람에게 모든 때에 전할 수 있습니다. 하나님은 우리에게 사명을 주시고, 성령님을 통해 능력을 주셔서 이 부르심에 순종하게 하십니다.

주 제

예수님이 제자들에게 사명을 주시고,
함께하겠다고 약속하셨어요.

가스펠 링크

예수님은 우리가 온 세상에 예수님을 전해
모든 사람이 예수님을 구세주로 믿길
바라세요.

예수님이 지상 명령을 주셨어요 마 28:16~20

예수님은 죽은 자 가운데서 다시 살아나신 후 40일 동안 이 땅에 계시며 제자들을 만나셨어요. 그동안 예수님은 하나님의 나라에 대해 더 많이 가르쳐 주셨어요. 열한 제자는 갈릴리에 있는 산에 올라갔어요. 예수님이 그곳으로 가라고 말씀하셨기 때문이지요. 산에서 예수님을 만난 제자들은 예수님을 경배했어요. 하지만 여전히 의심하는 제자들도 있었어요.

예수님은 "하늘과 땅의 모든 권한이 내게 주어졌다"라고 말씀하셨어요. 예수님은 성자 하나님이세요. 언제나 권한이 있으셨지요. 그러나 예수님이 십자가에서 죽으시고 죽은 자 가운데서 다시 살아나신 후, 하나님은 하늘과 땅의 모든 권한을 예수님에게 주셨어요. 예수님은 온 세상을 다스리는 왕이시고, 하나님의 나라를 다스리는 분이세요.

예수님은 제자들과 예수님을 따르는 모든 사람에게 "온 세상에 가서 복음을 전해라. 모든 민족을 제자로 삼아라"라고 말씀하셨어요. 이 사명을 '지상 명령'이라고 해요. 최고의 명령이라는 뜻이지요. 이 말씀을 받아 따르는 사람을 '제자'라고 해요. 예수님은 예수님을 따르는 사람들이 온 세상 사람에게 예수님의 죽음과 부활을 전하고, 예수님을 믿어 죄와 죽음에서 구원받는 방법을 알려 주길 원하세요. 그러면 그 소식을 듣고 예수님을 믿게 된 사람도 예수님의 제자가 되는 거예요.

예수님은 또 "아버지와 아들과 성령의 이름으로 세례(침례)를 주어라"라고 말씀하셨어요. 새로 제자가 된 사람들은 예수님의 피로 깨끗하게 죄 씻음을 받아요. 예수님을 믿는 사람이 세례를 받는 것은 죄에서 돌이켜 예수님을 자신의 구원자로 믿는다는 것을 세상에 보여 주는 표시예요.

예수님이 이어서 말씀하셨어요. "내가 너희에게 명령한 모든 것을 그들에게 가르쳐 지키게 하라." 예수님을 사랑하는 제자는 예수님께 순종하고 싶어 해요. 그런 다음 예수님은 "이것을 꼭 기억해라. 내가 세상 끝 날까지 너희와 항상 함께 있을 것이다"라고 말씀하셨어요.

● ● 가스펠 링크

우리를 죄에서 구하기 위해 예수님이 하신 일은 우리만 알고 있기에는 너무 기쁜 소식이에요. 예수님은 하늘로 올라가시기 전에 제자들에게 할 일을 알려 주셨어요. 예수님은 우리가 온 세상에 예수님을 전해 모든 사람이 예수님을 구세주로 믿길 바라세요.

가스펠 준비
(10~20분)

 환영

도착하는 아이들을 반갑게 맞이하고 헌금, 출석, QT 등을 확인하며 격려한다. 새 친구가 있다면 소개한다. 편안한 분위기에서 안부를 물으며 오늘의 말씀과 관련된 화제로 이야기를 나눈다. 아이들에게 혹시 어떤 임무를 맡아 본 적이 있는지 물어본다. 자발적으로 대화에 참여하도록 이끈다.

예) "어떤 임무를 맡아 본 적이 있나요?", "어떤 임무였나요?", "그 일을 잘 해냈나요?" 등.

—— 중요한 일을 맡으면 때로는 큰 부담이 되기도 해요. 평소에 숙제하는 것과는 달라요. 하지만 그 임무를 잘 해낼 때는 성취감과 만족감을 느끼지요. 오늘 제자들은 예수님에게서 특별한 임무를 받았어요. 사명이라고도 부르지요. 어떤 임무인지 함께 확인해 볼까요?

 마음 열기

따라 하기 놀이 *

① 3명씩 팀을 나누고, 1번부터 3번까지 각각 번호를 붙인다.

② 2번과 3번은 서로 등지고 서고, 1번은 2번과 마주 보고 서게 한다.

③ 2번 아이에게 특정한 자세를 취하게 한다. (예 : 웃으면서 팔을 높이 들기)

④ 인도자가 숫자를 10까지 셀 동안 1번이 2번의 자세를 관찰하게 한다. 그다음 1번이 3번 앞으로 가 마주 보고 서게 한다.

⑤ 1번은 3번이 2번의 자세를 따라 할 수 있도록 말로 설명해 주라고 한다.

⑥ 3번이 자세를 취하면 2번과 3번이 마주 보며 서로의 자세를 비교하게 한다.

—— 정말 잘했어요! 여러분이 본 것을 다른 사람에게 말로 설명하는 것이 힘들었나요? 오늘 우리는 예수님이 제자들에게 주신 한 가지 명령에 관해 배울 거예요. 예수님은 제자들에게 다른 사람들에게 가서 아주 중요한 이야기를 전하라고 말씀하셨어요.

누구의 사명일까? *

준비물 색인 카드, 연필, 양면테이프

① 아이들에게 색인 카드와 연필을 하나씩 주고 카드에 직업을 하나씩 쓰게 한다.

② 카드 뒷면에 양면테이프를 붙이고, 내용이 보이지 않도록 카드를 뒤집어 왼쪽에 있는 사람에게 주라고 한다.

③ 전달받은 카드를 이마에 붙이고, 카드의 주인에게 '예'나 '아니오'로만 답할 수 있는 질문을 하며 카드에 적힌 직업을 맞혀 보라고 한다.

④ 아이들이 직업 맞히기를 끝내면, 이번에는 인도자의 설명을 듣고 무슨 일을 하는 사람인지 맞혀 보라고 한다.

· 모든 민족을 제자로 삼아요.

· 모든 민족에게 아버지와 아들과 성령의 이름으로 세례를 주어요.

· 모든 민족에게 예수님이 명령하신 모든 것을 가르쳐 지키게 해요.

—— 이 직업은 '예수님을 따르는 사람'이에요. 예수님은 자신을 따르는 사람들에게 특별한 사명을 맡기셨어요. 과연 어떤 것인지 성경 이야기를 통해 좀 더 자세히 알아보아요.

교사를 위한 기록장 이 과를 준비하면서 깨닫게 된 묵상을 정리해 보세요.

· 하나님이나 나에 대해 새롭게 알게 된 것은?

· 기억해야 할 하나님의 말씀은?

· 아이들에게 전하고 싶은 메시지는?

가스펠 설교
(15~30분)

들어가기

준비물 '가서 전하라!'라는 문구가 새겨진 모자, 성경, 종이로 만든 확성기

인도자가 모자를 쓰고, 성경과 확성기를 들고 들어온다.

안녕하세요, 여러분! 저는 인도자의 이름입니다. 여러분 모두 모자의 문구를 가리킨 다음 확성기를 들고 큰 소리로 외친다. 가서 전할 준비가 되었나요? 저와 함께 예수님에 대해 배우고 다른 사람에게 전하는 이 캠페인에 참여해 주어서 정말 고마워요. 먼저 이 캠페인은 '가서'와 '전하라' 두 부분으로 이루어져 있다는 점을 강조하고 싶어요! 그러니까 그냥 앉아 있을 수도 없고, 조용히 있어서도 안 되는 것이지요.

성경의 초점

그동안 우리가 배운 성경 이야기들은 부활하신 예수님을 만난 사람들에 관한 것이었어요. 예수님은 자신이 죽었다가 다시 살아났다고 해서 예수님을 따르는 사람들이 해야 할 일이 없어진 것이 아니라는 점을 분명히 하셨어요. 사실 그들의 사명은 이제 시작이었지요! **그리스도인의 사명은 무엇인가요? 우리의 사명은 성령님의 능력으로 모든 민족을 제자로 삼는 거예요.** 한 번 더 말해 볼까요? 그리스도인의 사명은 무엇인가요? 우리의 사명은 성령님의 능력으로 모든 민족을 제자로 삼는 거예요.

✝ 연대표

예수님이 베드로에게 나타나셨어요

예수님이 지상 명령을 주셨어요

예수님이 승천하셨어요

예수님을 보내신 하나님을 찬양해요

우리가 그동안 들은 성경 이야기들을 살펴보아요. 이 이야기들을 모두 모으면 하나의 큰 이야기가 되지요. 성경은 결국 무엇에 관한 이야기인가요? 아이들의 대답을 기다린다. 맞아요! 성경은 사람들을 죄에서 구하기 위해 아들을 이 세상에 보내는 하나님의 계획에 관한 이야기예요.

구약성경은 하나님이 자기 백성과 맺으신 약속에 관한 이야기예요. 하나님의 백성은 하나님이 구원자를 보내시기를 아주 오랫동안 기다렸고, 결국 하나님은 구원자를 보내 주셨어요! 예수님이 이 땅에 아기의 모습으로 오셨지요. 예수님은 자라서 사람들에게 하나님에 대해 가르치셨어요. 그리고 우리 죄를 대신 지고 십자가에서 죽으신 후 3일 만에 죽은 자 가운데서 살아나셨어요!

그 후 예수님은 제자들과 많은 사람에게 나타나셨어요. 오늘의 성경 이야기는 예수님이 자신을 따르는 사람들에게 맡기신 사명에 관한 것이에요. 과연 어떤 사명인지 함께 들어 봅시다.

📖 성경 이야기

마태복음 28장을 펴고, 설교 영상(지도자용 팩)을 보여 주거나 이야기 성경을 들려준다. 예수님이 말씀하시는 부분에서 무대 위에 올라서거나 낮은 의자에 앉아 이야기를 들려주면서 예수님의 명령을 강조한다. 아이들이 집중할 수 있도록 예수님이 지상 명령을 전하시는 부분에서 아이들의 눈을 맞추며 이야기해도 좋다. 또는 전 세계 여러 민족의 사진을 보여 주거나 세계 지도에서 미전도 지역을 찾으며 복음이 어디까지 전파되어야 하는지 이야기를 나누어 본다.

십자가에서 죽으시고 부활하신 **예수님이 제자들에게 사명을 주시고, 함께하겠다고 약속하셨어요.** 예수님은 40일 동안 제자들을 포함한 여러 사람에게 나타나 자신의 부활을 증명하셨지요.

예수님은 제자들을 만나 자신이 모든 것을 다스린다고 말씀하셨어요. 그런 다음 그들에게 지상 명령을 주셨어요. 그것은 바로 온 세상에 가서 복음을 전하는 일이었어요.

복음은 예수님과 예수님이 우리를 위해 하신 일에 관한 좋은 소식이에요. 예수님은 우리 대신 십자가에서 죽으심으로 우리를 죄에서 구하셨어요. 예수님을 믿을 때 하나님은 우리

죄를 용서하시고 영원한 생명을 주세요.

세상에 복음을 전하는 일이 늘 쉬운 것은 아니에요. 사람들은 복음 때문에 제자들을 미워할 것이고 복음을 전하지 못하게 막으려고 할 거예요. 하지만 제자들은 두려워할 필요가 없었어요. 예수님이 언제나 그들과 함께하겠다고 약속하셨기 때문이에요. 예수님에게는 '임마누엘'이라는 이름이 있어요. 임마누엘은 '하나님이 우리와 함께하신다'라는 뜻이지요. 지상 명령은 예수님이 제자들에게만 주신 것이 아니에요. 예수님을 믿는 모든 사람에게 주신 것이지요. 우리도 예수님에 관한 좋은 소식인 복음을 전할 수 있어요. 모든 사람이 복음을 들어야 하기 때문이지요. 어떤 사람들은 먼 곳에 가서 복음을 전하고, 어떤 사람들은 자신이 있는 곳에서 이웃에게 복음 전하도록 부름받았어요. 하나님은 그리스도인들이 온 세상 사람에게 복음을 전하길 바라세요!

정말 대단한 사명처럼 보이지요? 대단한 사명이 맞아요! 하지만 우리는 혼자가 아니에요. 성령님을 통해 예수님이 항상 우리와 함께하시기 때문에 사명에 순종할 수 있어요. **그리스도인의 사명은 무엇인가요? 우리의 사명은 성령님의 능력으로 모든 민족을 제자로 삼는 거예요.**

가스펠 링크

우리를 죄에서 구하기 위해 예수님이 하신 일은 우리만 알고 있기에는 너무 기쁜 소식이에요. 예수님은 하늘로 올라가시기 전에 제자들에게 할 일을 알려 주셨어요. 예수님은 우리가 온 세상에 예수님을 전해 모든 사람이 예수님을 구세주로 믿길 바라세요. 언젠가 예수님이 다시 오시는 날 그리스도인들은 예수님과 영원히 하나가 될 거예요.

✝ 복음 초청

성경과 37쪽 복음 초청 가이드를 이용해서 아이들에게 그리스도인이 되는 법을 설명해 준다. 따로 상담해 줄 사람을 정해 주고 궁금한 점이 있으면 물어보도록 격려한다.

이 시간 예수님을 마음에 모시고 싶은 친구는 함께 기도해요.

기도

하나님, 언제나 하나님께 순종하는 우리가 되고 싶습니다. 모든 민족을 사랑할 수 있는 마음을 주세요. 우리가 가는 곳마다 복음을 전할 수 있도록 성령님을 통해 능력을 주세요. 예수님이 주신 사명을 잘 해낼 수 있도록 우리를 인도해 주세요. 예수님의 이름으로 기도합니다. 아멘.

적용

TIP 설교 도입이나 적용으로 활용하거나 영상을 본 뒤 소그룹으로 나누어 풍성한 대화를 이어 갈 수 있습니다.

오늘은 예수님이 제자들에게 지상 명령을 주시는 성경 이야기를 들었어요. 오늘의 영상을 함께 보아요.

적용 예화 영상(지도자용 팩)을 보여 준 후, 다음의 질문으로 이야기를 나눈다.

1 넬은 무슨 이야기를 하고 있었나요?

2 예수님이 그리스도인들에게 맡기신 사명은 무엇인가요?

3 예수님은 우리에게 왜 복음을 전하라고 하셨을까요?

4 여러분은 누구에게 복음을 전할 수 있나요?

우리는 모든 사람에게 예수님 이야기를 전하고 예수님의 사랑을 나타낼 수 있어요. 온 세상에 예수님을 전하는 것은 정말 대단한 일이에요! 우리는 혼자가 아니에요. 하나님은 우리가 하나님의 계획을 실행에 옮길 수 있도록 성령님을 통해 능력을 주세요.

가스펠 소그룹
(10~20분)

 ## 나침반

나 한 마디 너 한 마디

`준비물` 3단원 암송(134쪽), A4용지, 연필

① 아이들을 둥그렇게 앉히고, 종이와 연필을 나누어 준다.

② 3단원 암송을 함께 큰 소리로 읽는다.

③ 종이 뒷면에 이름을 쓰고 앞면에는 암송 구절의 첫 번째 어절을 쓴 다음, 종이를 오른쪽 사람에게 넘기라고 한다.

④ 옆 사람에게 받은 종이에 암송 구절의 다음 두 어절을 쓰고, 다시 오른쪽으로 종이를 넘기게 한다.

⑤ 암송 구절을 다 쓸 때까지 어절의 수를 늘리며 종이에 쓰고 넘기기를 반복한다.

    이 성경 구절은 바울이 고린도에 있는 성도들에게 쓴 것이에요. 이 성경 구절은 정말 중요해요. 예수님에 관한 좋은 소식인 복음이 담겨 있지요. 예수님은 우리 죄 때문에 죽으셨어요. 예수님이 다시 살아나지 않으셨다면 그다지 좋은 소식이 될 수 없었겠지만, 예수님은 다시 살아나셨어요!

 ## 보물 지도

복습 퀴즈

`준비물` 성경

① 아이들에게 성경을 나누어 주고 마태복음을 펴게 한다.

② 마태복음은 성경 분류상 어디에 속하는지 물어본다. (복음서) 신약 성경을 다섯 부분으로 분류해 보라고 한다. (복음서, 신약 역사서, 바울 서신서, 일반 서신서, 예언서)

③ 아이들에게 마태복음 28장 16~20절을 찾으라고 한다.

④ 질문에 대답할 때, 정답의 근거가 되는 성경의 장과 절을 함께 말하라고 한다.

1 갈릴리로 간 제자들은 몇 명이었나요? 11명 (마 28:16)

2 갈릴리에 도착한 제자들은 어디로 갔나요?
예수님이 지시하신 산 (마 28:16)

3 예수님을 본 제자들은 어떻게 했나요?
예수님을 경배했지만, 아직 의심하는 제자들도 있었다 (마 28:17)

4 예수님은 자신에게 하늘과 땅의 무엇을 갖고 계시다고 하셨나요?
모든 권세 (마 28:18)

5 예수님은 자신을 따르는 자들에게 누구를 제자로 삼으라고 하셨나요? 모든 민족 (마 28:19)

6 예수님은 자신을 따르는 자들에게 누구의 이름으로 세례를 주라고 하셨나요? 아버지와 아들과 성령의 이름으로 (마 28:19)

7 예수님은 자신을 따르는 자들과 얼마나 오래 함께하신다고 말씀하셨나요? 세상 끝 날까지 항상 함께 있겠다고 하셨다 (마 28:20)

⑤ 다음의 질문으로 아이들과 함께 이야기를 나눈다.

· 예수님은 왜 우리에게 다른 사람에게 복음을 전하라고 명령하셨을까요?

· 제자로 삼는다는 것은 무슨 뜻인가요?

· 하나님이 여러분에게 주신 환경을 생각해 보세요. 어떤 도시, 어떤 학교, 어떤 이웃을 여러분에게 주셨나요? 여러분이 매일 만나는 사람 중에 예수님을 전해야 할 사람은 누구인가요?

 ## 탐험하기

무엇을 주셨을까?

`준비물` 학생용 교재 44쪽, 연필

① 예수님이 자신을 따르는 사람들에게 무엇을 주셨는지 물어본다.

② 문장이 참이면 ○, 거짓이면 ✕에 표시하게 한다.

③ 표시한 글자를 빈칸에 넣어 문장을 완성하게 한다.

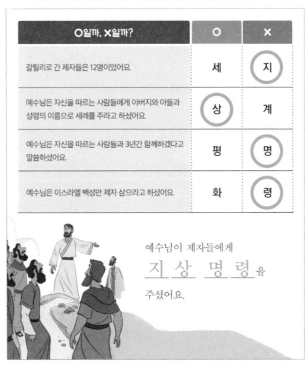

○일까, ✕일까?	○	✕
갈릴리로 간 제자들은 12명이었어요.	세	(지)
예수님은 자신을 따르는 사람들에게 아버지와 아들과 성령의 이름으로 세례를 주라고 하셨어요.	(상)	계
예수님은 자신을 따르는 사람들과 3년간 함께하겠다고 말씀하셨어요.	평	(명)
예수님은 이스라엘 백성만 제자 삼으라고 하셨어요.	화	(령)

예수님이 제자들에게
지 상 명 령 을
주셨어요.

    예수님이 제자들에게 사명을 주시고, 함께하겠다고 약속하셨어요. 예수님은 우리가 온 세상에 예수님을 전해 모든 사람이 예수님을 구세주로 믿길 바라세요.

우리의 사명은?

준비물 학생용 교재 45쪽, 연필

① 힌트 를 보고 사라진 자모음을 찾아 아래 빈칸에 완성된 문장을 써 보라고 한다.

② 예수님이 주신 비밀 임무는 무엇인지 물어보고, '성경의 초점' 답을 완성하게 한다.

③ 아이들과 함께 다음의 질문으로 이야기를 나눈다.

· 친구가 여러분에게 왜 예수님이 십자가에서 죽으셨냐고 물으면 무엇이라고 대답할 수 있을까요?

· 예수님의 죽음과 부활이 어떻게 나의 죗값이냐고 물으면 무엇이라고 대답할 수 있을까요?

```
그리스도인의 사명은 무엇인가요?

ㅇㅜㄹㅣㅚ
ㅈㅏㅁㅕㅇㅇㅇㅃㄴ
ㅈㅓㅇㄹㅇㅇㅣㅁㅇㅚ
ㅁㅃㅇㅇㄹㄱㅇㅃㄹ
ㅁㄷㅃㄴ ㅁㅣㄴㅈㄱㅇㅃㄹ
ㅈㅔㅈㅏㄹㄱ
ㅈㅏㅁㅔㅃㄴ ㄱㅓㅇㅔㅇㅛ.
```

─── 예수님은 죽음과 부활로 우리의 죗값을 치르시고 우리에게 새로운 생명을 약속하셨어요. 예수님은 우리가 온 세상에 예수님을 전해 모든 사람이 예수님을 구세주로 믿길 바라세요.

고요 속의 복음 전달 ★

준비물 음악 플레이어 4개, 이어폰 4개, 귀마개 4개, 색인 카드, 사인펜

① 색인 카드에 핵심 단어들을 각각 적어 둔다.

예) 예수님, 그리스도, 십자가, 구세주, 선교, 하나님의 아들, 성령님, 임마누엘, 지상 명령 등.

② 아이들을 4명씩 묶어 팀을 나누고, 먼저 첫 번째 팀을 한 줄로 세운 뒤 시끄러운 음악이 나오는 이어폰을 끼고 그 위에 귀마개를 하게 한다.

③ 맨 앞에 있는 아이에게 단어를 하나 보여 주고, 뒷사람에게 색인

카드에 적힌 단어를 전달하게 한다.

④ 이때 몸짓이 아니라 말하는 입 모양으로만 전달해야 한다고 말해 준다.

⑤ 가장 정확하게 맞히는 팀이 이긴다.

─── 다른 친구에게 단어를 전하기 쉬웠나요? 복음을 모르는 사람에게 복음을 전하기는 쉽지 않아요. 하지만 예수님은 그 일을 지상 명령으로 주셨어요! 우리 모두 복음을 전하는 예수님의 제자가 되어요!

🔷 보물 상자

나만의 기록장

준비물 학생용 교재 46쪽, 연필

아이들에게 다음 질문에 대해 생각하고 글로 써 보라고 한다.

이 성경 이야기가 말하고 있는...

· 하나님이나 복음에 관한 사실은?

· 나에 관한 사실은?

· 순종해야 할 하나님의 말씀은?

 그 말씀은 어떻게 하나님께 영광이 되고, 나에게는 유익이 될까요?

· 기억해야 할 하나님의 약속은?

 그 약속은 내가 하나님을 믿고 사랑하는 데 어떤 도움이 되나요?

메시지 카드

이번 주 메시지 카드로 부모님과 함께 오늘 배운 성경 이야기를 나누어 보라고 한다.

기도

하나님, 아직도 구원에 관한 기쁜 소식을 모르는 사람이 많습니다. 그들에게 복음을 전하는 증인이 되길 소망합니다. 복음을 전할 때 우리가 먼저 받은 구원의 기쁨을 다시 기억할 수 있도록 도와주세요. 예수님의 이름으로 기도합니다. 아멘.

12

예수님의 승천

행 1:4~14

성경의 초점

그리스도인의 사명은 무엇인가요?
우리의 사명은 성령님의 능력으로
모든 민족을 제자로 삼는 거예요.

본문 속으로

부활하신 예수님은 예수님을 따르는 사람들에게 나타나셨습니다. 그리고 자신과 하나님 나라에 대해 가르치셨습니다(눅 24:25~27, 44~48 참조). 예수님은 그들에게 이제 곧 아버지께 돌아갈 것이라고 말씀하셨습니다(요 20:17 참조).

예수님은 열한 제자에게 산으로 가라고 지시하셨습니다. 제자들이 산에 도착하자 예수님이 그들 앞에 나타나셨습니다. 어떤 제자들은 예수님이 마침내 로마 정권을 전복시키고 이 땅에 자신의 왕국을 세우시려는 것인지 궁금해했습니다.

예수님은 "때와 시기는 아버지께서 자기의 권한에 두셨으니 너희가 알 바 아니요 오직 성령이 너희에게 임하시면 너희가 권능을 받고 예루살렘과 온 유대와 사마리아와 땅끝까지 이르러 내 증인이 되리라"라고 말씀하셨습니다(행 1:7~8).

예수님은 제자들에게 아버지가 약속하신 성령을 선물로 받을 때까지 예루살렘에 머무르라고 말씀하셨습니다. 죄를 회개하고 예수님의 죽음과 부활을 믿는 사람은 성령으로 세례를 받습니다(행 1:5 참조). 성령님은 우리가 거룩한 삶을 살고, 복음을 땅끝까지 전할 수 있도록 능력을 주십니다(행 1:8 참조).

말씀을 마치신 예수님은 제자들의 눈앞에서 하늘로 올라가셨습니다! 흰옷을 입은 두 사람이 나타나 제자들 옆에 섰습니다. 그리고 "갈릴리 사람들아 어찌하여 서서 하늘을 쳐다보느냐"라고 물었습니다. 그들은 예수님이 승천하신 모습 그대로 다시 오실 것이라고 말했습니다.

●●● 티칭 포인트

아이들에게 살아 계신 예수님은 지금 하늘에 계신다는 것을 알려 주십시오. 자기 백성을 데리러 올 날을 기다리면서 말입니다. 예수님은 제자들에게 아버지의 집에 제자들이 있을 곳을 마련하러 가는 것이며, 우리가 죽으면 주님과 함께 있게 된다고 말씀하셨습니다(요 14:1~3 참조). 예수님은 우리를 홀로 남겨 두지 않으셨습니다. 성령님을 보내셔서 우리와 함께하시며 우리가 하나님의 일을 하는 것을 돕게 하셨습니다. 때가 되면 예수님은 다시 오셔서 모든 것을 새롭게 하시고 온 세상의 주인으로 다스리실 것입니다.

주 제

승천하신 예수님은 다시 오실 거예요.

가스펠 링크

예수님은 이 땅을 떠나 하늘에 계신 아버지께로 가셨지만 우리를 홀로 남겨 두지 않으셨어요. 성령님은 우리와 함께하시며 하나님의 일을 하도록 도와주실 거예요.

예수님이 승천하셨어요 행 1:4~14

부활하신 예수님은 40일 동안 제자들과 함께 계셨어요. 그리고 제자들에게 아주 중요한 사명을 주려고하세요. 예수님은 그들에게 예루살렘을 떠나지 말고, 하나님이 보내겠다고 약속하신 성령을 기다리라고하셨어요.

예수님은 제자들에게 세례 요한을 떠올려 주셨어요. 요한은 죄에서 돌이켜 하나님에게 돌아온 사람들에게 물로 세례를 주었지요. 예수님은 며칠 안에 제자들도 세례를 받게 될 것이라고 말씀하셨어요. 하지만 이 세례는 물이 아니라 성령으로 받는 세례였어요.

"주님, 주님께서 이스라엘을 회복시켜 주시려는 것이 지금입니까?"라고 제자들이 물었어요. 하나님이 하나님의 백성인 유대인들과 함께 계셨지만, 그들은 여전히 힘이 없었어요. 로마의 지배를 받고 있었기 때문이에요. 유대인들은 이스라엘이 다른 나라보다 강해지기를 바랐어요.

예수님은 그렇다고도, 아니라고도 하지 않으셨어요. "그날과 그때는 오직 아버지만 아신다. 하지만 성령이 너희에게 오시면 너희가 능력을 받을 것이다. 그러면 너희는 예루살렘과 온 유대와 사마리아와 땅끝까지 가서 내 증인이 될 것이다"라고 말씀하셨어요.

제자들은 예수님의 증인이에요. 증인은 사람들에게 자신이 알고 있는 진실을 말해야 해요. 예수님에 관한 기쁜 소식을 예루살렘에도 전하고, 유대 지역에도 전하며, 사마리아 땅과 온 세상에 전해야 해요. 성령님이 함께하시면서 도와주실 거예요.

예수님은 이 말씀을 하신 후 하늘로 올라가셨어요.

제자들은 예수님이 구름에 가려 보이지 않을 때까지 하늘을 쳐다보았어요. 갑자기 흰옷을 입은 두 사람이 제자들 옆에 나타났어요. 그들은 "갈릴리 사람들아, 왜 서서 하늘만 쳐다보고 있느냐? 너희들을 떠나 하늘로 올라가신 이 예수님은 다시 오실 것이다. 너희가 본 그대로 다시 오실 것이다"라고 말했어요.

제자들은 예루살렘으로 돌아가 예수님이 지시하신 대로 기도하며 기다렸어요.

● ● 가스펠 링크

예수님은 이 땅을 떠나 하늘에 계신 아버지께로 가셨지만 우리를 홀로 남겨 두지 않으셨어요. 예수님은 성령님을 보내겠다고 약속하셨어요. 성령님은 우리와 함께하시며 하나님의 일을 하도록 도와주실 거예요. 때가 되면 예수님은 다시 오셔서 모든 것을 새롭게 하시고 온 세상의 주인으로 다스리실 거예요.

가스펠 준비
(10~20분)

 환영

도착하는 아이들을 반갑게 맞이하고 헌금, 출석, QT 등을 확인하며 격려한다. 새 친구가 있다면 소개한다. 편안한 분위기에서 안부를 물으며 오늘의 말씀과 관련된 화제로 이야기를 나눈다. 아이들에게 이사 가는 친구에게 작별 인사를 했던 적이 있는지 물어본다. 자발적으로 대화에 참여하도록 이끈다.

예) "이사 가는 친구에게 작별 인사를 해본 적 있나요?", "기분이 어땠나요?" 등.

── "든 자리는 몰라도 난 자리는 안다"라는 속담이 있어요. 누군가가 떠났을 때 그 빈자리가 크게 느껴진다는 뜻이지요. 오늘 성경 이야기에서 예수님이 떠나실 때 제자들은 어떤 생각이 들었을까요? 함께 알아보아요.

 마음 열기

이제 ○○ 할 시간이야! * ────────────

① 아이들을 둥그렇게 세운다.

② 인도자가 먼저 "나는 [인도자 이름]이야, 이제 [동작] 할 시간이야!"라고 말한다. 이때 자신의 이름 첫 글자와 같은 글자로 시작하는 동작을 넣는다.

　　예) "나는 기쁨이야, 이제 기차 소리를 낼 시간이야!" 등.

③ 그런 다음 아이들이 함께 소리를 내며 동작을 하게 한다.

④ 한 사람씩 돌아가며 이름과 해야 할 동작을 말하게 하고, 나머지 아이들은 그 지시를 따르게 한다.

⑤ 동작을 생각해 내기 어려워하는 아이가 있으면, 다른 아이가 도와줄 수 있다고 말해 준다.

⑥ 모든 아이에게 순서가 돌아길 때까지 놀이를 계속한다.

── 오늘 성경 이야기에서 제자들은 예수님에게 이제 예수님의 왕국을 세울 때가 되었냐고 물었어요. 예수님이 무엇이라고 대답하셨는지 잠시 후에 들어 보기로 해요.

끼리끼리 모으기 * ────────────

 준비물 '항목' 표(지도자용 팩), 연필, 스톱워치

① 지도자용 팩에서 '항목' 표를 출력해 연필과 함께 하나씩 나누어 준다.

② 인도자가 "시작!"이라고 말하면 1분 동안 각 주제에 관련한 답을 적게 한다.

③ 시간이 되면 아이들이 쓴 답을 한 사람씩 발표하게 한다.

④ 다른 아이가 쓴 단어에 ✕표 하고, 쓰지 않은 단어에는 ○표 하라고 한다.

⑤ 발표가 모두 끝나면 ○표가 몇 개 남았는지 물어본다. 가장 많은 ○표가 남은 아이가 이긴다.

── 마지막 문제가 좀 어려웠지요? 하늘에서 볼 수 있는 것. 혹시 예수님이라고 쓴 사람 있나요? 오늘 성경 이야기에서 제자들은 한참 동안 하늘을 바라보았대요. 도대체 무슨 일이 있었는지 함께 알아보아요.

교사를 위한 기록장 이 과를 준비하면서 깨닫게 된 묵상을 정리해 보세요.

· 하나님이나 나에 대해 새롭게 알게 된 것은?

· 기억해야 할 하나님의 말씀은?

· 아이들에게 전하고 싶은 메시지는?

가스펠 설교
(15~30분)

 들어가기

준비물 '가서 전하라!'라는 문구가 새겨진 모자, 성경, 쌍안경,

인도자가 모자를 쓰고, 성경과 쌍안경을 들고 들어온다.

안녕하세요! 다시 만나서 반가워요. 제 이름 기억하나요? 저는 인도자의 이름입니다. 우리는 지금 예수님에 대해 배우고 다른 사람에게 전하는 '가서 전하라!' 캠페인을 하고 있어요. 이 쌍안경은 제가 주문한 비행기 현수막 광고를 보려고 준비한 것이에요. 비행기가 거대한 현수막을 달고 날아가는 모습을 본 적 있나요? 저는 "예수님이 살아 계세요!"라고 쓴 현수막이 있으면 좋겠다고 생각했어요. 그러면 모든 사람이 예수님이 살아 계신다는 사실을 알게 될 테니까요. 혹시 큰 현수막에 어떤 메시지를 담을 기회가 생긴다면 여러분은 무슨 말을 쓰고 싶은가요? 아이들의 대답을 기다린다.

 성경의 초점

참 기발한 생각들이에요! 혹시 여러분 중에 우리가 왜 이 캠페인을 하고 있는지 궁금한 사람이 있나요? 그렇다면 '성경의 초점'을 살펴보는 것이 좋겠군요. 제가 먼저 '성경의 초점' 질문을 하면 여러분이 답을 하는 거예요. **그리스도인의 사명은 무엇인가요? 우리의 사명은 성령님의 능력으로 모든 민족을 제자로 삼는 거예요.** 정말 잘했어요! 예수님은 우리가 다른 사람에게 가서 예수님을 전하길 바라세요. 말 그대로 정말 대단한 사명이지요! 하지만 우리는 도움이 필요해요. 과연 어떤 도움이 필요한지 오늘 성경 이야기를 통해 알아보아요.

 연대표

연대표에서 지난 성경 이야기들을 가리킨다. 우리는 그동안 부활하신 예수님을 만난 사람들의 이야기를 들었어요. 예수님이 살아나셨어요! 하지만 지금은 이 땅에 계시지 않지요. 예수님은 어디에 계실까요? 오늘 성경 이야기를 들으면 예수님이 어디에 계신지 알게 될 거예요. 연대표에서 오늘의 성경 이야기를 가리킨다. 오늘의 성경 이야기는 사도행전에 나와요. 사도행전에는 교회가 시작되는 이야기가 담겨 있어요. 사도행전의 저자 누가는 예수님의 승천과 이후 30년 동안의 이야

기를 기록했어요. 이제 함께 예수님이 하늘로 올라가신 이야기를 들어 보아요.

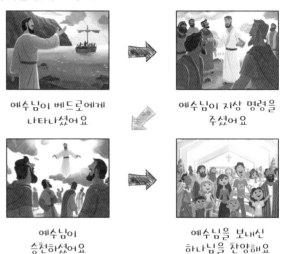

예수님이 베드로에게 나타나셨어요

예수님이 지상 명령을 주셨어요

예수님이 승천하셨어요

예수님을 보내신 하나님을 찬양해요

 성경 이야기

사도행전 1장을 펴고, 설교 영상(지도자용 팩)을 보여 주거나 이야기 성경을 들려준다. 자세를 바꾸면서 이야기를 해 본다. (예: 앉아서 이야기를 시작한다. 예수님이 말씀하시는 대목에서는 한쪽을 바라보고 이야기한다. 제자들이 말하는 장면에서는 다른 한쪽을 바라본다. 예수님이 하늘로 올라가시고 천사들이 나타나는 장면에서는 자리에서 일어난다.) 또는 조명을 어둡게 하고 이야기 성경 그림에만 부분 조명을 비춘 후 이야기를 시작한다. 이야기가 흘러가는 동안 조명을 서서히 밝게 하다가 마지막 부분에서 조명을 최고로 밝게 한다.

예수님은 하늘로 올라가셨어요. **승천하신 예수님은 다시 오실 거예요.** 이 땅에서 예수님의 삶이 어떻게 시작되었는지 기억하나요? 예수님은 아기로 이 땅에 오셨어요. 그리고 예수님은 자라서 사역을 시작하셨어요. 사람들에게 하나님과 하나님의 나라에 대해 가르치셨지요. 그 후 예수님은 십자가에 못 박혀 죽임을 당하셨어요. 성경은 예수님이 죄인들을 구하려고 이 세상에 오셨다고 말해요(딤전 1:15 참조).

예수님은 죽으시고 다시 살아나셔서 자신의 사명을 완수하셨어요. 예수님의 부활은 예수님이 지불하신 죗값을 하나님이 받아들이셨다는 증거예요(고전 15:16~17 참조).

예수님은 제자들과 함께 식사하시면서 중요한 말씀을 하셨어요. 하나님이 성령님을 보내겠다는 약속을 지키실 때까지 예루살렘에서 기다리라고 하셨지요. 그러면 성령님이 오셔

서 제자들을 가르치시고 예수님이 말씀하신 모든 것을 기억나게 하실 것이라고 말씀하셨어요(요 14:26 참조).

예수님은 자신이 하늘로 올라가 아버지께로 간 후에는 성령님이 오셔서 제자들을 도우실 것이라고 말씀하셨어요. 성령님은 하나님의 일을 할 수 있는 능력을 주실 거예요.

예수님은 제자들이 예루살렘과 온 유대와 사마리아, 그리고 땅끝까지 가서 예수님의 증인이 될 것이라고 말씀하셨어요. 예수님은 모든 사람이 예수님을 알게 되길 바라세요! 예수님을 따르는 우리의 사명은 세상 사람들에게 복음을 전하는 거예요. 용기가 부족할까 봐, 할 말이 없을까 봐 걱정하지 마세요. 성령님이 우리에게 하나님의 일을 할 수 있도록 능력을 주세요.

하늘로 올라가신 예수님은 다시 오실 거예요. 제자들은 우두커니 서서 예수님이 떠나시는 모습을 쳐다보고 있었지요. 그런데 갑자기 흰옷을 입은 두 사람이 나타났어요. 그들은 제자들에게 무슨 말을 했나요? 아이들의 대답을 기다린다. 맞아요. "예수님이 다시 오실 것이다"라고 말했어요.

가스펠 링크

지금 예수님은 하늘에 계세요. 가장 존귀한 자리인 하나님의 우편에 앉아 계시지요(롬 8:34 참조). 예수님은 이 땅을 떠나 하늘로 올라가셨어요. 하지만 우리를 홀로 남겨 두지 않으셨지요. 예수님은 우리와 함께하며 하나님의 일을 하는 것을 도우실 성령님을 보내겠다고 약속하셨어요. 때가 되면 예수님은 다시 오셔서 모든 것을 새롭게 하시고 온 세상의 주인으로 다스리실 거예요. 예수님이 다시 오실 날을 기다리는 동안 우리는 예수님이 맡기신 일을 할 수 있어요. 성령님이 우리에게 능력을 주실 거예요.

✚ 복음 초청

성경과 37쪽 복음 초청 가이드를 이용해서 아이들에게 그리스도인이 되는 법을 설명해 준다. 따로 상담해 줄 사람을 정해 주고 궁금한 점이 있으면 물어보도록 격려한다.

이 시간 예수님을 마음에 모시고 싶은 친구는 함께 기도해요.

기도

하나님, 말씀을 주셔서 감사합니다. 모든 민족에게 예수님을 전하는 일에 우리를 불러 주셔서 감사합니다. 성령님을 통해 능력을 주시는 하나님을 찬양합니다. 예수님이 이 땅에 다시 오실 날을 기다리며 복음을 전하는 일에 열심을 낼 수 있도록 인도해 주세요. 예수님의 이름으로 기도합니다. 아멘.

적용

TIP 설교 도입이나 적용으로 활용하거나 영상을 본 뒤 소그룹으로 나누어 풍성한 대화를 이어 갈 수 있습니다.

혼자 할 수 없는 일을 해야만 했던 적이 있나요? 그때 기분이 어땠나요? 도움을 받았나요? 어떤 도움을 받았나요? 그 경험을 떠올리며 오늘의 영상을 함께 보아요.

적용 예화 영상(지도자용 팩)을 보여 준 후, 다음의 질문으로 이야기를 나눈다.

1 벤저민이 해야 할 일은 무엇이었나요? 스쿠터가 어떻게 도움이 되었나요?

2 예수님이 우리에게 맡기신 사명은 무엇인가요? 예수님은 우리를 어떻게 도우시나요?

3 그리스도인의 사명은 무엇인가요? 우리의 사명은 성령님의 능력으로 모든 민족을 제자로 삼는 거예요.

하나님은 우리에게 맡기신 일을 해내는 데 필요한 것들을 주세요. 예수님은 제자들에게 성령님을 기다리라고 말씀하셨어요. 성령님은 우리가 세상에 복음을 전할 수 있도록 필요한 능력을 주세요. **승천하신 예수님은 다시 오실 거예요.** 예수님이 다시 오실 날을 기다리는 동안 우리는 성령님의 능력으로 예수님이 맡기신 일을 할 수 있어요.

가스펠 소그룹
(10~20분)

 나침반

가려도 보여요

준비물 3단원 암송(134쪽), 종이, 펜, 색연필

① 3단원 암송 구절을 보여 주고, 자원하는 아이에게 큰 소리로 읽으라고 한다.

② 아이들에게 종이와 펜을 나누어 주고, 암송 구절을 쓰게 한다.

③ 2명씩 짝을 짓고, 짝이 쓴 암송 구절을 하나씩 색칠하며 암송 구절을 외우게 한다.

〰️ 3단원 암송 구절을 다 외운 사람 있나요? 아이들의 대답을 기다린다 정말 잘했어요! 계속 연습하세요. 이 성경 구절을 다 외우면 복음을 기억하는 데 아주 큰 도움이 될 거예요.

 보물 지도

말씀을 기억하라!

준비물 성경

① 아이들에게 성경을 나누어 주고 사도행전을 펴게 한다.

② 신약성경을 다섯 부분으로 분류해 보라고 한다. (복음서, 신약 역사서, 바울 서신서, 일반 서신서, 예언서) 사도행전은 신약의 유일한 역사서이며, 누가복음의 저자인 누가가 기록했다고 말해 준다.

③ 아이들에게 사도행전 1장 4~14절을 찾게 하고, 함께 읽는다.

④ 인도자가 질문하면, 답을 아는 아이는 자리에서 벌떡 일어나며 답을 말하라고 한다.

1 예수님은 제자들에게 어디에서 기다리라고 말씀하셨나요?
예루살렘 (행 1:4)

2 세례 요한은 무엇으로 세례를 주었나요? 물 (행 1:5)

3 예수님은 제자들이 무엇으로 세례를 받을 것이라고 말씀하셨나요? 성령 (행 1:5)

4 예수님은 성령님이 제자들에게 무엇을 주실 것이라고 말씀하셨나요? 권능 또는 능력 (행 1:8)

5 예수님은 제자들이 무엇을 하게 될 것이라고 말씀하셨나요?
예수님의 증인이 될 것이라고 말씀하셨다 (행 1:8)

6 예수님은 제자들을 떠나 어떻게 하늘로 올라가셨나요?
구름 사이로 올라가셨다 (행 1:9)

7 예수님은 어떤 모습으로 다시 오실까요?
올라가신 모습 그대로 (행 1:11)

8 예루살렘으로 돌아간 제자들은 무엇을 했나요?
기도에 힘썼다 (행 1:12~14)

⑤ 다음의 질문으로 아이들과 함께 이야기를 나눈다.

· 예수님은 지금 어디에 계신가요? 무엇을 하고 계시나요?

· 우리는 예수님이 다시 오실 날을 기다리는 동안 무엇을 해야 할까요?

 탐험하기

예수님은 어디로?

준비물 학생용 교재 48쪽, 연필

미로를 통과하며 제자들의 시선이 어디를 향하고 있는지 확인해 보고, 미로를 지나며 찾은 단어를 빈칸에 적어 문장을 완성하게 한다.

〰️ 예수님은 우리의 죄 때문에 십자가에서 죽으시고 부활하셨어요. 부활하신 예수님은 다시 하늘로 올라가셨어요. 예수님은 승천하시기 전 제자들에게 하나님이 성령님을 보내 주실 때까지 예루살렘에서 기다리라고 말씀하셨어요. 지금 예수님은 가장 존귀한 자리인 하나님의 우편에 앉아 계세요(막 16:19; 행 7:55 참조). **승천하신 예수님은 다시 오실 거예요.**

때가 되면 예수님은 다시 오셔서 모든 것을 새롭게 하시고 온 세상의 주인으로 다스리실 거예요. 우리는 예수님이 다시 오실 날을 기다리며 성령님이 주시는 능력으로 예수님이 맡기신 일을 열심히 할 수 있어요.

> 예수님은 <u>이 땅</u>을 떠나
> <u>하 늘</u>에 계신 아버지께로 가셨지만
> 우리를 <u>홀 로</u> 남겨 두지 않으셨어요.
> 예수님은 <u>성 령</u>님을 보내겠다고 약속하셨어요.
> 성령님은 우리와 함께하시며 하나님의 일을 하도록
> 도와주실 거예요. 때가 되면 예수님은 다시 오셔서
> 모든 것을 <u>새 롭 게</u> 하시고
> <u>온 세 상</u>의 주인으로 다스리실 거예요.

예수님의 생애

준비물 학생용 교재 49쪽, 57쪽 '예수님의 생애', 가위, 연필

57쪽의 '예수님의 생애'를 잘라 49쪽의 설명대로 접게 한다. 방향을 따라 펼치며 예수님의 탄생부터 승천까지 순서를 이야기해 본다.

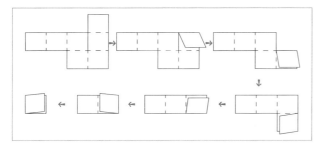

―― 하나님이신 예수님은 사람으로 오셔서 우리의 죄를 지시고 십자가에서 죽으시고 우리의 죄를 없애 주셨어요. 뿐만 아니라 예수님은 3일 만에 죽음을 이기시고 부활하셔서 우리가 다시 하나님께 가까이 갈 수 있는 길을 열어 주셨어요. **승천하신 예수님은 다시 오실 거예요.**

때를 기다려 ★

준비물 스톱워치

① 아이들을 자리에서 일으켜 세운다.

② 인도자가 "시작!"이라고 외치면, 속으로 시간을 재다가 15초가 지났다고 생각될 때 자리에 앉으라고 말한다.

③ 누가 실제 시간에 가장 근접한 시간에 자리에 앉는지 살펴본다.

④ 아이들이 모두 자리에 앉으면 가장 정확한 시간에 앉은 아이가 누

구인지 알려 준다.

⑤ 정해진 시간 안에 시간을 30초, 40초, 50초로 늘리며 놀이를 계속한다.

 놀이를 조금 어렵게 하고 싶으면 기다리는 동안 눈을 감게 한다.

―― 예수님은 제자들에게 하나님이 성령님을 보내 주실 때까지 예루살렘에서 기다리라고 말씀하셨어요. 예수님을 구세주로 받아들이면 하나님은 우리에게 성령님을 선물로 보내 주세요. 그리스도인들은 예수님이 다시 오셔서 모든 것을 새롭게 하시고 온 세상의 주인으로 다스리실 날을 간절히 기다려요. 성경은 예수님이 언제 오실지 아무도 모르기 때문에 언제나 준비하고 있어야 한다고 말해요.

💎 보물 상자

나만의 기록장

준비물 학생용 교재 50쪽, 연필

아이들에게 다음 질문에 대해 생각하고 글로 써 보라고 한다.

이 성경 이야기가 말하고 있는...

· 하나님이나 복음에 관한 사실은?

· 나에 관한 사실은?

· 순종해야 할 하나님의 말씀은?

　그 말씀은 어떻게 하나님께 영광이 되고, 나에게는 유익이 될까요?

· 기억해야 할 하나님의 약속은?

　그 약속은 내가 하나님을 믿고 사랑하는 데 어떤 도움이 되나요?

메시지 카드

이번 주 메시지 카드로 부모님과 함께 오늘 배운 성경 이야기를 나누어 보라고 한다.

기도

하나님, 예수님이 살아 계시고 우리와 함께하심을 믿습니다. 또한 예수님이 곧 다시 오실 것을 믿습니다. 성령님의 능력으로 날마다 하나님을 찬양하며 사는 우리가 되게 해 주세요. 예수님의 이름으로 기도합니다. 아멘.

성령님을 보내셔
하나님을
찬양해요

사 12장

성경의 초점

그리스도인의 사명은 무엇인가요?
우리의 사명은 성령님의 능력으로
모든 민족을 제자로 삼는 거예요.

본문 속으로

우리가 받은 구원이 어떤 것인지 상상해 보십시오. 우리는 지금 법정에 서 있는 피고입니다. 공정한 재판을 거쳐 유죄로 밝혀졌고, 그 결과 사형 선고를 받게 되었습니다. 그런데 판사가 집행관에게 우리를 끌고 가 사형 집행을 하라고 말하는 대신, 자리에서 일어나 우리 자리로 옵니다. 우리가 받을 벌을 대신 받고는 우리에게 무죄를 선언해 자유롭게 풀어 줍니다. 이때 우리는 어떻게 반응할까요?

이것이 바로 예수님이 자신을 믿는 죄인들을 위해 하시는 일의 본질입니다. 판사이신 하나님은 우리가 응당 받아야 할 사형 판결을 내리시지 않고 그분의 아들을 보내 우리의 형벌을 대신 치르게 하셨습니다. 이것이 긍휼이고 은혜입니다. 우리는 어떻게 반응해야 할까요?

하나님이 이스라엘을 이집트에서 이끌고 나와 홍해를 건너게 하셨을 때 모세와 이스라엘 백성이 어떻게 반응했는지 봅시다. 출애굽기 15장에 그들이 부른 노래가 실려 있습니다. 그들은 주님을 찬양하고 하나님이 그들을 위해 하신 일을 이야기합니다. 이런 감사의 태도야말로 복음이라는 기쁜 소식에 대한 적절한 반응입니다. 그리고 이와 같은 감사의 태도는 이사야 선지자의 글에도 잘 나타납니다.

이사야는 하나님이 죄인들에게 베푸시는 은혜를 환상으로 보았습니다. 그리고 그 은혜에 감사하며 부를 노래를 이사야 12장에 기록했습니다. 우리는 하나님의 긍휼과 은혜를 찬양할 것입니다(사 12:1~2 참조). 구원의 약속을 지키신 하나님께 감사할 것입니다(사 12:3~4 참조). 그리고 모든 민족에게 하나님의 영광과 위대함을 전할 것입니다(사 12:5~6 참조).

●●● 티칭 포인트

구원을 경험한 사람은 가만히 앉아 그리스도인의 삶을 적당히 누리는 데 만족하지 않습니다. 구원은 행동하게 합니다. 주님에 대한 감사는 예수님이 우리를 사랑하신 것처럼 우리도 서로 사랑하게 하고(요일 4:10~12 참조), 복음이라는 기쁜 소식을 세상에 전하게 합니다(마 28:19~20; 요 14:15 참조). 모든 좋은 은사와 선물은 하나님께로부터 오며(약 1:17 참조), 하나님이 주시는 가장 큰 선물은 바로 하나님의 아들 예수님이라는 사실을 아이들이 깨달을 수 있도록 도와주십시오. 감사하는 마음으로 함께 주님을 찬양하고 경배하십시오.

주 제

우리를 죄에서 구하기 위해 십자가에서 죽으시고 부활하신 예수님께 감사해요.

가스펠 링크

이사야는 하나님의 말씀이 이루어지는 날을 미리 보았어요. 하나님은 하나님의 아들을 보내 사람들을 죄에서 구하겠다는 약속을 지키셨어요. 예수님은 십자가에서 죽으시고 부활하셨어요.

예수님을 보내신 하나님을 찬양해요 사 12장

이사야 선지자는 남 유다 백성에게 하나님의 말씀을 전했어요. 앞으로 다가올 주님의 날에 관한 이야기였지요. 주님의 날은 하나님이 세상을 심판하시고 하나님의 백성에게 복을 주시는 날이에요.

주님의 날은 어떤 모습일까요? 이사야는 이날이 기쁜 날이 될 것이라고 말했어요! 이날에 하나님은 하나님의 백성을 죄에서 구하실 거예요. 그러면 구원받은 백성은 노래하며 하나님께 감사할 거예요.

이사야는 다음과 같이 말했어요.
"그날에 너희는 이렇게 말할 것이다.
'여호와여, 주께 감사합니다!
주께서 전에는 저에게 *분노하셨지만, 이제 그 화를 거두셨습니다.
주께서 저를 위로하셨습니다.
그렇습니다. 주님은 저의 구원이시니 제가 믿고 더는 두려워하지 않겠습니다.
주님은 저에게 힘을 주시고 저를 지키십니다.'
하나님이 자기 백성을 구원하시므로 너희가 기뻐할 것이다.
너희는 이렇게 노래할 것이다.
'주께 감사하라!
주님의 이름을 온 땅에 알려라!
주님이 하신 일을 모든 민족에게 알려라.
주님을 찬양하라.
주님이 위대한 일을 하셨으니 온 세상에 알려라.
시온의 백성아, 소리치며 기뻐 노래하라!
너희와 함께 계시는 분은 이스라엘의 거룩한 분이시기 때문이다!'"

●● 가스펠 링크

이사야는 하나님의 말씀이 이루어지는 날을 미리 보았어요. 그날에 하나님은 하나님의 백성에게 복을 주시고, 백성은 감사하며 모든 사람에게 하나님을 전할 거예요. 하나님은 하나님의 아들을 보내 사람들을 죄에서 구하겠다는 약속을 지키셨어요. 예수님은 십자가에서 죽으시고 부활하셨어요. 예수님을 믿는 사람은 구원을 기뻐할 거예요.

*분노 : 몹시 화가 나서 성을 냄

가스펠 준비
(10~20분)

 환영

도착하는 아이들을 반갑게 맞이하고 헌금, 출석, QT 등을 확인하며 격려한다. 새 친구가 있다면 소개한다. 편안한 분위기에서 안부를 물으며 오늘의 말씀과 관련된 화제로 이야기를 나눈다. 아이들에게 최근에 누군가에게 감사 인사를 한 적이 있는지 물어본다. 자발적으로 대화에 참여하도록 이끈다.

예) "최근에 누군가에게 감사한 마음을 표현한 적이 있나요?", "왜 감사했나요?", "감사한 마음을 어떻게 표현하면 좋을까요?" 등.

―― 감사를 표현하는 방법은 참 다양해요. 우리는 다른 사람이 우리에게 베푼 작은 친절에도 감사를 표해요. 우리가 가장 감사해야 할 것은 무엇일까요?

 마음 열기

창찬하는 시간 ★ ─────────

준비물 A4용지, 색연필

① 아이들에게 종이와 색연필을 나누어 준다.

② 자신이 가장 중요하게 생각하는 사람을 종이에 그려 보라고 한다. 그림 아래에는 그 사람이 한 일들을 적게 한다.

③ 완성한 그림을 발표하는 시간을 가진다.

―― 아름답고 훌륭함을 기리고 드러내는 일을 '찬양하다'라고 해요. 그 사람에 대한 존경과 칭찬을 표하는 것이지요. 오늘 우리는 이사야서에 나오는 성경 이야기를 들을 거예요. 이사야는 예수님이 태어나시기 수백 년 전에 살았던 선지자예요. 그는 사람들이 하나님이 하신 일을 찬양할 것이라고 이야기했어요. 그것은 무슨 일일까요? 오늘 성경 이야기를 듣고 알아보아요.

선물 포장하기 ★ ─────────

준비물 포장지, 접착테이프, 포장용 리본

① 아이 중 한 명을 뽑아 '선물'로 정한다.

② 나머지 아이들에게 포장지와 접착테이프, 포장용 리본 등을 이용해 선물로 뽑힌 아이를 실제 선물처럼 포장해 보라고 한다.

TIP 얼굴을 가리거나, 머리카락에 직접 테이프를 붙이거나 리본을 달지 않도록 주

의를 준다.

③ 포장이 모두 끝나면, 아이들에게 그동안 받은 선물 중 가장 마음에 드는 것은 무엇이었는지 물어본다.

―― 선물을 주고받는 것은 재미있어요. 하나님도 우리에게 특별한 선물을 주셨어요. 성경은 모든 좋은 은사와 선물은 하나님에게서 온다고 말해요(약 1:17 참조). 하나님은 우리에게 가족과 친구를 주셨고, 또 필요한 모든 것을 주셨어요. 그중에서도 최고의 선물은 하나님의 아들 예수님을 통해 주시는 구원이에요. 이 선물은 영원히 사라지지 않아요. 여러분은 선물을 받으면 뭐라고 말하나요? 아이들의 대답을 기다린다. 하나님께 감사하다고 말씀드린 적 있나요? 그런 생각을 하면서 오늘 성경 이야기를 함께 들어 보아요.

교사를 위한 기록장 이 과를 준비하면서 깨닫게 된 묵상을 정리해 보세요.

·하나님이나 나에 대해 새롭게 알게 된 것은?

·기억해야 할 하나님의 말씀은?

·아이들에게 전하고 싶은 메시지는?

가스펠 설교
(15~30분)

들어가기

준비물 '가서 전하라!'라는 문구가 새겨진 모자, 성경, 쌍안경,

인도자가 모자를 쓰고, 성경과 쌍안경을 들고 들어온다.

안녕하세요! 만나서 반가워요. 이제 모자의 문구를 가리키며 '가서 전하라!' 캠페인을 마무리할 때가 되었어요. '가서 전하라!' 는 다른 사람들에게 가서 복음을 전하라는 예수님의 지상 명령에 순종하는 캠페인이에요. 복음은 하나님이 사람들을 죄에서 구하려고 예수님을 보내신 좋은 소식을 말하지요. 오늘 여러분에게 성경 이야기를 들려줄 수 있어서 참 기뻐요. 하나님이 주신 구원의 선물이 너무나 감사해서 나도 모르게 입에서 예수님이 하신 일을 온 세상에 전하고 싶다는 가사의 노래가 나오는군요.

연대표

예수님이 베드로에게
나타나셨어요

예수님이 지상 명령을
주셨어요

예수님이
승천하셨어요

예수님을 보내신
하나님을 찬양해요

연대표에서 지난 성경 이야기들을 가리킨다 우리는 이번 단원에서 예수님이 죽은 자 가운데서 살아나신 후에 하신 일들을 배웠어요. 먼저, 예수님이 제자들에게 나타나셨어요. 그후 도마에게 나타나 손과 옆구리를 보여 주시자, 도마가 믿었지요. 그리고 예수님은 갈릴리 호숫가에서 제자들을 만나셨어요. 그곳에서 **예수님이 베드로를 용서하시고 회복시키셨어요.** 또 예수님은 제자들에게 다른 사람들에게 가서 예수님을 전하라는 지상 명령을 주셨어요. 이 모든 일을 마치신 후에 예수님은 하늘로 올라가셨어요. **승천하신 예수님은 다시 오실 거예요.** 연대표에서 오늘의 성경 이야기를 가리킨다 오늘 성경 이야기

는 이사야서에 나와요. 이사야는 구약 시대의 선지자예요. 예수님이 태어나시기 700년 전에 살았던 인물이지요. 하나님은 이사야 선지자를 통해 하나님의 백성에게 말씀을 전하셨어요. 이사야는 하나님이 자기 백성을 구하기 위해 보내겠다고 약속하신 메시아에 관해서 말했어요. 바로 이 메시아가 하신 일이 오늘 우리가 하나님께 감사하는 이유랍니다.

성경의 초점

자, 이번 단원의 '성경의 초점' 질문과 답이 무엇이었는지 기억하나요? 아이들의 대답을 기다린다 다 함께 말해 보아요. **그리스도인의 사명은 무엇인가요? 우리의 사명은 성령님의 능력으로 모든 민족을 제자로 삼는 거예요.**

성경 이야기

이사야 12장을 펴고 설교 영상(지도자용 팩)을 보여 주거나 이야기 성경을 들려준다. 이야기 중간에 찬양이 나오는 부분에서 아이들에게 한 줄씩 따라 해 보라고 한다. 2~3번 반복해도 좋다 또는 찬양이 나오는 부분을 인도자가 목소리를 높여 기쁘게, 진심을 담아 읽어 주어도 좋다. 이 성경 이야기는 구약성경에 있는 이사야서에 나와요. 이사야는 선지자였어요. 백성에게 하나님의 말씀을 전했지요. 이사야는 장차 하나님이 하실 놀라운 일들을 환상으로 보았어요. 하나님은 메시아를 보내 사람들을 죄와 죽음에서 구하실 계획을 갖고 계셨어요. 이사야는 언젠가 사람들이 하나님이 하신 일을 기억하며 하게 될 말들을 기록했어요. 누가 여러분에게 아주 멋진 일을 하면 여러분은 어떻게 하나요? 아이들의 대답을 기다린다 이사야는 하나님의 백성이 노래하며 하나님께 감사할 것이라고 말했어요! **우리를 죄에서 구하기 위해 십자가에서 죽으시고 부활하신 예수님께 감사해요!** 사람은 누구나 예수님을 믿기 전에는 하나님의 원수예요. 하나님은 거룩하시기 때문에 죄를 지은 우리에게 화를 내시는 것이 당연해요. 하지만 하나님은 계속 화내는 대신 오히려 예수님을 믿는 사람을 위로하시고, 죄와 죽음에서 구하세요. 우리는 하나님을 믿고, 두려워하지 않아도 되어요. 하나님은 우리에게 힘을 주시고 우리를 안전하게 지키세요.

하나님이 이스라엘 백성을 이집트의 노예 생활에서 건지셨을 때 모세가 하나님을 찬양했다는 것을 알고 있나요? 출애굽기 15장 2절을 읽는다. 하나님이 이스라엘 백성을 위해 놀랍고 위대한 일을 행하시자 모세가 노래로 응답한 거예요. 이사야는 하나님이 우리를 위해 하신 놀라운 일을 생각하며 부를 노래를 기록했어요. 하나님은 죄의 노예 상태에 있던 우리를 구하셨어요.

 ## 가스펠 링크

이사야는 하나님의 말씀이 이루어지는 날을 미리 보았어요. 그날에 하나님은 하나님의 백성에게 복을 주시고, 백성은 감사하며 모든 사람에게 하나님을 전할 거예요. 하나님은 하나님의 아들을 보내 사람들을 죄에서 구하겠다는 약속을 지키셨어요. 예수님은 십자가에서 죽으시고 부활하셨어요. 예수님을 믿는 사람은 구원을 받기 때문에 기뻐할 거예요. 하나님이 우리에게 주신 가장 큰 선물은 바로 하나뿐인 아들 예수님이에요. 우리는 예수님 때문에 기뻐해요. 감사한 마음을 찬양과 경배로 표현할 수 있어요.

 ## 찬양

복음을 전하라

평강이 있을지어다
내 양을 먹이라
나를 따르라 하시네
말씀대로 다시 사신 이 기쁜 소식을
다시 오실 주님 전하라

온 세상에 복음을 전해요
모든 민족 제자로 삼아요
아버지와 아들과 성령 안에서
한 가족 되어요

 ## 복음 초청

성경과 37쪽 복음 초청 가이드를 이용해서 아이들에게 그리스도인

이 되는 법을 설명해 준다. 따로 상담해 줄 사람을 정해 주고 궁금한 점이 있으면 물어보도록 격려한다.

이 시간 예수님을 마음에 모시고 싶은 친구는 함께 기도해요.

 ## 기도

하나님을 찬양합니다! 하나님은 우리의 죄 때문에 분노하셨지만, 이제 그 화를 거두셨습니다. 하나님은 우리를 위로하셨습니다. 그리고 아들을 이 땅에 보내심으로 우리를 향한 큰 사랑을 보여 주셨습니다. 이제 하나님을 믿으며 두려워하지 않겠습니다. 다른 사람에게 복음을 전하고 하나님을 높이는 삶을 살 수 있도록 인도해 주세요. 예수님의 이름으로 기도합니다. 아멘.

 ## 적용

TIP 설교 도입이나 적용으로 활용하거나 영상을 본 뒤 소그룹으로 나누어 풍성한 대화를 이어 갈 수 있습니다.

이사야는 예수님 안에서 기쁨을 찾은 우리가 어떻게 하나님께 찬양과 감사를 드릴 것인지에 관해 썼어요. 이와 비슷한 상황을 만났을 때 아이들이 어떻게 반응하는지 오늘의 영상을 함께 보아요.

적용 예화 영상(지도자용 팩)을 보여 준 후, 다음의 질문으로 이야기를 나눈다.

1 아이들은 왜 이런 반응을 보였을까요?
2 우리가 하나님께 감사해야 하는 이유는 무엇인가요?
3 우리가 함께 기뻐하고 즐거워해야 하는 이유는 무엇인가요?

예수님이 우리를 위해 하신 일을 들었을 때 우리가 보여야 할 반응은 무엇일까요? 바로 하나님께 감사드리고 온 세상 사람에게 하나님의 위대한 사랑을 전하는 것이에요. 우리는 하나님을 예배하고 찬양하는 것으로 그리고 다른 사람을 사랑하고 섬기는 것으로 하나님을 향한 우리의 감사를 표현할 수 있어요.

가스펠 소그룹
(10~20분)

 나침반

따라! 따라!

`준비물` **3단원 암송(134쪽)**

① 자원하는 아이에게 고린도전서 15장 3~4절을 외울 기회를 준다.

② 아이 중 리더를 한 명 정하고 3단원 암송 구절을 어절 단위로 나누어 먼저 말하게 한다. 이때 평범하게 외워도 되고, 박자나 곡조에 맞추어 외워도 된다고 말해 준다.

③ 나머지 아이들은 리더를 따라 암송 구절을 한 어절씩 말하게 한다.

④ 정해진 시간 안에서 리더를 바꾸며 암송 구절 외우기를 반복한다.

　　바울은 이 성경 구절을 통해 복음을 전하고 있어요. 예수님이 하신 중요한 일 3가지를 꼭 기억하세요. 예수님이 우리 죄 때문에 십자가에서 죽으시고, 장사되시고, 3일 만에 죽은 자 가운데서 다시 살아나셨어요. 성경에서 말한 그대로 말이에요. 이것이 복음이에요. 죄인들을 위한 기쁜 소식이지요!

 보물 지도

하나님께 드리는 감사

`준비물` **성경**

① 아이들에게 성경에서 이사야를 찾아 펴게 한다.

② 이사야는 성경 분류상 어디에 속하는지 물어본다. (대선지서)

③ 대선지서에 속하는 책 5권을 말해 보라고 한다. (이사야, 예레미야, 예레미야애가, 에스겔, 다니엘) 이사야는 남 유다 왕국의 선지자였다고 말해 준다.

④ 이야기 성경을 간략하게 다시 읽거나, 아이들에게 이사야 12장 1~6절을 찾아 큰 소리로 읽으라고 한다.

⑤ 다음의 질문으로 아이들과 함께 이야기를 나눈다.

· 우리가 하나님께 감사를 표현할 방법은 어떤 것들이 있나요?

· 우리가 하나님께 감사해야 하는 이유는 어떤 것들이 있나요?

· 왜 우리는 예수님이 다시 오시는 것을 기뻐해야 하나요?

　　우리는 우리를 죄에서 구하기 위해 십자가에서 죽으시고 부활하신 예수님으로 인해 감사해요. 그리고 사람들에게 하나님이 죄인인 우리에게 하신 일을 전해 그 기쁨과 감사함을 나눠요.

 탐험하기

이사야의 감사

`준비물` **학생용 교재 52쪽, 연필**

① 이사야 12장에 나오는 단어들을 글자판에서 찾아보라고 한다. 글자는 가로, 세로, 대각선으로 이루어져 있으며, 글자가 겹칠 수도 있다고 말해 준다.

② 아이들이 찾은 단어를 함께 확인하고, 이 모든 단어가 우리가 하나님께 감사해야 할 이유라고 말해 준다.

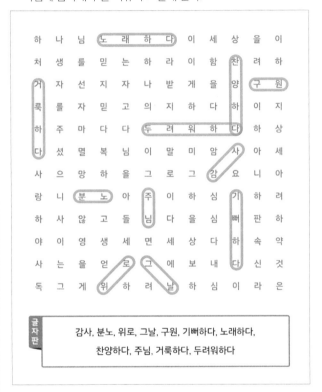

글자판: 감사, 분노, 위로, 그날, 구원, 기뻐하다, 노래하다, 찬양하다, 주님, 거룩하다, 두려워하다

　　이사야 12장은 굉장한 소식을 담고 있어요. 죄인인 우리가 받아야 할 벌을 예수님이 십자가에서 대신 받으셨다는 것만이 좋은 소식은 아니에요. 그보다 더 굉장한 소식은 십자가에서 죽으신 예수님을 하나님이 3일 만에 다시 살리셨다는 거에요. 하나님은 영화로운 일을 행하셨어요! 이 놀라운 소식에 함께 감사하고 기뻐해요. 하나님을 노래하는 것도 감사를 표현하는 한 가지 방법이에요.

감사를 드리자!

`준비물` **학생용 교재 53쪽, 연필**

① 아이들에게 성경 구절들을 찾아 그대로 따라 쓰거나 자신의 말로 바꾸어 쓰게 한다.

② 말씀들의 공통점은 무엇인지 찾아 보라고 한다.

③ 예수님으로 인해 감사하는 내용을 적으라고 한다.

예시

시편 105:1~2

하나님이 놀랍고 엄청나게 위대한 일을 하셨다!

사람들에게 알리고 하나님께 감사하자!

시편 118:28

하나님, 저의 주님이시고

저를 사랑해 주셔서 감사합니다.

하나님을 높이며 살게요.

이사야 12:4~5

우리는 하나님께 감사할 일이 많아요!

하나님은 위대한 일을 엄청 많이 하셨으니까요!

나의 감사

하나님! 사랑해요!

예수님을 보내 주셔서 감사해요!

사랑해 주셔서 감사해요.

―― 하나님은 선하시고 참 좋으신 분이에요. 성경에는 하나님이 행하신 일들을 찬양하는 구절이 많이 나와요. 하나님은 예수님을 이 땅에 보내 죄로 인해 죽을 수밖에 없는 우리를 구원해 주셨어요. 구원자이신 예수님을 믿을 때, 하나님은 우리 죄를 용서하시고 우리를 하나님의 자녀로 삼아 주세요. 성령님은 우리가 하나님께 순종하고 복음을 전할 수 있도록 능력을 주세요. **우리를 죄에서 구하기 위해 십자가에서 죽으시고 부활하신 예수님께 감사해요.**

감사 벽걸이 퀼트 *

준비물 색 도화지, 가위, 풀, 사인펜, 접착테이프

① 다양한 색깔의 도화지를 가로 20cm, 세로 20cm 길이로 잘라 둔다. 아이들이 2장씩 가질 수 있는 수만큼 만든다.

② 아이들에게 서로 다른 색깔의 도화지를 2장씩 나누어 준다.

③ 색 도화지 2장을 서로 포갠 다음, 위에 있는 종이를 살짝 돌려 마름모가 되도록 한 뒤, 2장을 풀로 붙이게 한다.

④ 색 도화지 가운데에 사인펜으로 감사한 일이나 감사하고 싶은 사람을 그리게 한다.

⑤ 가장자리를 따라 하나님께 드리는 감사 인사를 쓰게 한다.

⑥ 완성한 작품을 예배실 벽에 퀼트처럼 서로 연결해서 접착테이프로 붙인다.

―― 하나님이 우리에게 어떤 선물을 주셨는지를 잘 보여 주는 작품들이에요. 하나님이 우리에게 주신 많은 선물 중에 가장 감사한 일은 예수님이라는 큰 선물을 주신 것이에요. **우리를 죄에서 구하기 위해 십자가에서 죽으시고 부활하신 예수님께 감사해요.** 참으로 예수님은 최고의 선물이에요!

 보물 상자

나만의 기록장

준비물 학생용 교재 54쪽, 연필

아이들에게 다음 질문에 대해 생각하고 글로 써 보라고 한다.

이 성경 이야기가 말하고 있는...

· 하나님이나 복음에 관한 사실은?

· 나에 관한 사실은?

· 순종해야 할 하나님의 말씀은?

 그 말씀은 어떻게 하나님께 영광이 되고, 나에게는 유익이 될까요?

· 기억해야 할 하나님의 약속은?

 그 약속은 내가 하나님을 믿고 사랑하는 데 어떤 도움이 되나요?

메시지 카드

이번 주 메시지 카드로 부모님과 함께 오늘 배운 성경 이야기를 나누어 보라고 한다.

기도

하나님, 우리에게 행하신 모든 일에 감사합니다. 하나님이 우리에게 행하신 일들은 셀 수 없이 많습니다. 무엇보다 예수님을 이 땅에 보내 우리를 구원해 주셔서 감사합니다. 예수님이 얼마나 놀라운 선물인지 기억하며 다른 사람에게 나눌 수 있도록 도와주세요. 예수님의 이름으로 기도합니다. 아멘.

복음을
복음으로 가르치는
5가지 열쇠

아이들에게 복음을 가르치는 일로 큰 부담을 느껴 본 적이 있습니까? 성경 말씀은 모두 중요하고, 가르칠 것도 많으니까요.

저도 그런 부담을 자주 느낍니다. 하지만 복음이라는 큰 그림을 기억하면 부담을 내려놓는 데 도움이 됩니다.

우리의 목표는 성경 이야기나 교리의 일부를 떼어 성경 지식을 쌓도록 가르치는 것이 아닙니다. 우리 목표는 아이들에게 성경 전체를 관통하는 예수님에 관한 복음을 가르쳐 깨닫게 하는 데 있습니다.

이제 신명기 6장 4~9절을 통해 아이들에게 복음을 복음으로 가르치는 5가지 열쇠를 살펴보겠습니다.

1. 복음을 알아야 합니다 : "우리 하나님 여호와는 오직 유일한 여호와이시니"(4절)

하나님은 자신에 대한 중요한 신학적 진술로 말씀을 시작하십니다. 하나님은 유일한 여호와이십니다. 하나님 같은 분은 없습니다. 아이들에게 복음을 가르치는 방법을 생각하기 전에 먼저 하나님이 어떤 분인지 깊이 생각하라고 하나님은 말씀하십니다. 왜 그럴까요? 우리가 모르는 것을 전할 수는 없기 때문입니다.

교사는 반드시 하나님이 어떤 분이신지, 하나님이 어떻게 일하시는지 깊이 생각하며 하나님과 함께 시간을 보내야 합니다. 이를 위한 가장 좋은 방법은 복음을 곱씹으며 복음의 풍요함 속으로 깊이 빠져들어 그리스도의 아름다움과 찬란함을 깨닫는 것입니다. 아이들에게 전할 것이 우리 안에 차고 넘칠 때 가장 좋은 교육이 이루어집니다.

2. 복음을 사랑해야 합니다 : "너는 마음을 다하고 뜻을 다하고 힘을 다하여 네 하나님 여호와를 사랑하라 오늘 내가 네게 명하는 이 말씀을 너는 마음에 새기고"(5~6절)

4절에서 5절, 6절로 이어지는 흐름은 당연한 것입니다. 하나님과 함께하는 의미 있는 시간은 하나님과 복음에 대한 사랑을 불러일으키고 점점 더 커지게 만듭니다. 6절에는 우리가 사랑해야 하는 것이 무엇인지 나옵니다. 바로 하나님의 말씀입니다. 우리는 보통 하나님의 명령을 사랑해야 한다고는 잘 생각하지 않습니다. 하지만 이것은 일리가 있는 말씀입니다. 명령 이면에 있는 하나님의 마음을 알고 신뢰한다면 하나님의 명령을 사랑하게 될 것입니다.

신명기 6장 4~6절은 아이들이 아니라 우리를 향한 말씀이라는 것에 주의해야 합니다. 바로 그 점이 핵심입니다. 아이들을 잘 가르칠 준비를 하는 가장 좋은 방법은 하나님께 우리의 마음을 드리고, 삶 속에서 일하실 공간을 내어 드리는 것입니다.

3. 복음을 전해야 합니다 : "네 자녀에게 부지런히 가르치며 집에 앉았을 때에든지 길을 갈 때에든지 누워 있을 때에든지 일어날 때에든지 이 말씀을 강론할 것이며"(7절)

교사는 복음을 반복적으로 가르쳐야 합니다. 아이들이 복음의 아름다움과 심오한 능력을 깨달을 수 있도록 도와줄 새로운 방법을 찾아야 합니다. 7절의 히브리어 원문에는 '마음을 꿰뚫다'라는 뜻이 담겨 있습니다. 아주 생생하고도 시각적인 표현이지요. 우리는 우리가 가르치는 것들이 아이들의 마음 깊숙이 들어가기를 바랍니다. 이것이 반드시 복음을 가르쳐야 하는 이유입니다. 오직 복음만이 마음속 깊이 만족을 주기 때문입니다.

이것은 또한 '무엇이 복음인가' 뿐만 아니라 '왜 복음이 주어졌는가'를 가르쳐야 하는 이유가 됩니다. 가르침이란 단순한 지식 전달이 아닙니다. 지식은 머리에서 머무는 경향이 있지만 복음은 마음에도 들어갑니다. 그래서 아이들에게 복음의 근원인 하나님의 마음을 가르쳐야 합니다.

4. 복음대로 살아야 합니다 : "너는 또 그것을 네 손목에 매어 기호를 삼으며 네 미간에 붙여 표로 삼고"(7~8절)

가르침이라고 하면 다소 딱딱한 의미로만 생각할 때가 많습니다. 그러나 그런 의미에서의 가르침은 수박 겉핥기에 불과합니다. 언제 아이들에게 복음을 이야기하라고 말씀하는지 눈여겨보아야 합니다. "집에 앉았을 때에든지, 길을 갈 때에든지, 누워있을 때에든지, 일어날 때에든지" 말하자면 언제 어디서나 복음을 이야기하라는 것입니다. 그러니 늘 딱딱한 모습으로 가르치라는 말이 아닐 것입니다. 복음이 일상생활 안에 녹아들게 하라는 말입니다.

이런 가르침은 능력이 있습니다! 복음이 우리가 생각하고, 느끼고, 살아가는 모습에 변화를 일으킨다는 사실을 아이들이 알게 되기를 바랍니다.

5. 복음으로 표시되어야 합니다 : "또 네 집 문설주와 바깥문에 기록할지니라"(9절)

하나님의 말씀을 문설주와 대문에 써 붙인다는 말씀을 이해하려면 집 주소를 떠올리면 됩니다. 주소를 보면 여러분이 사는 집을 알 수 있습니다. 주소는 배달부나 손님이 여러분의 집과 다른 사람의 집을 구별하는 표식이 됩니다.

우리와 복음의 관계도 이와 같아야 합니다. 복음이 우리의 특징이 되고, 우리와 다른 사람들을 구별하는 기준이 되어야 합니다. 만약 이 구절의 경지까지 살아낸다면 우리는 자연스럽게 복음으로 표시될 수밖에 없습니다. 우리가 복음대로 살아내고, 우리 아이들과 세상 사람들에게 그리스도의 달콤한 향기를 드러내게 될 것이기 때문입니다.

브라이언 뎀보지크(Brian Dembowczyk)는 가스펠 프로젝트 어린이 팀의 리더입니다. 브라이언은 시티처치(City Church)에서 4~5학년 아이들을 가르치고 있습니다.

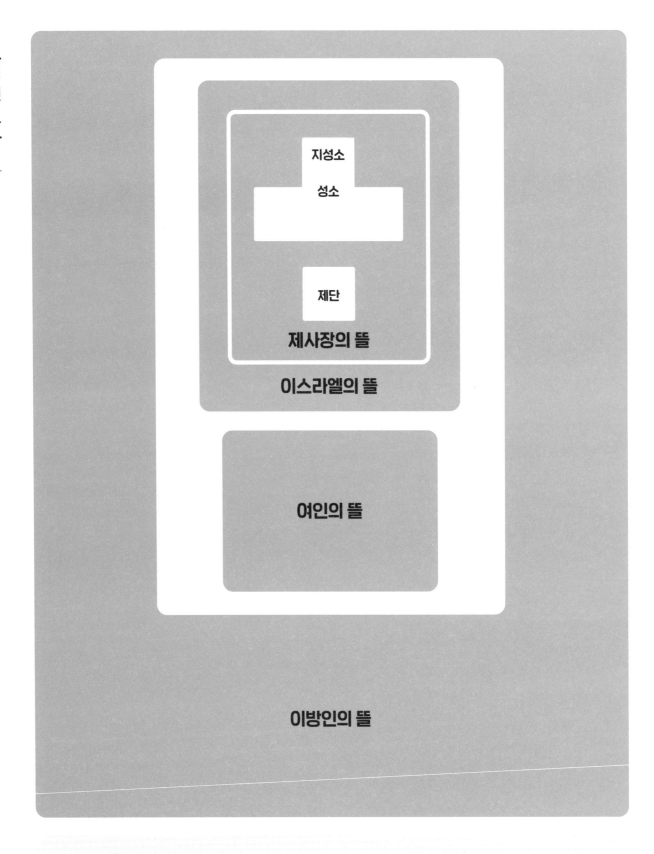

- **이방인의 뜰** : 성전의 가장 바깥쪽에 있으며, 유대인이 아닌 사람들도 들어갈 수 있었어요.
- **여인의 뜰** : 유대인은 모두 들어갈 수 있지만, 여자는 이곳까지만 갈 수 있었어요.
- **이스라엘의 뜰** : 제사장이 아닌 유대인 남자만 들어갈 수 있었어요.
- **제사장의 뜰** : 성전 건물을 둘러싸고 있으며, 번제를 드리는 제단이 있었어요.

그리스도인은 왜 성찬에 참여하나요?

예수님의 삶과 죽음을 기억하고,

예수님이 다시 오실 때까지

예수님을 선포하기 위해서예요.

예수님은 왜 십자가에서 죽으셨나요?

예수님은 우리를 죄에서 구하려고
십자가에서 죽으시고, 부활하셔서
우리가 용서받았다는 것을 보여 주셨어요.

그리스도인의 사명은 무엇인가요?

우리의 사명은 생명님이 능력으로

모든 민족을 제자로 삼는 거예요.

주의 성령이 내게 임하셨으니

이는 가난한 자에게 복음을 전하게 하시려고

내게 기름을 부으시고

나를 보내사 포로 된 자에게 자유를,

눈먼 자에게 다시 보게 함을 전파하며

눌린 자를 자유롭게 하고

누가복음 4장 18절

너희는 그 은혜에 의하여

믿음으로 말미암아 구원을 받았으니

이것은 너희에게서 난 것이 아니요

하나님의 선물이라 행위에서 난 것이 아니니

아는 누구든지 자랑하지 못하게 함이라

에베소서 2장 8~9절

133

내가 받은 것을 먼저 너희에게 전하였노니

이는 성경대로 그리스도께서 우리 죄를 위하여

죽으시고 장사 지낸 바 되셨다가

성경대로 사흘 만에 다시 살아나사

고린도전서 15장 3~4절

1권 **위대한 시작** 창	2권 **하나님의 구출 계획** 출, 레, 신	3권 **약속의 땅** 민, 수, 삿, 룻, 삼상	4권 **왕국의 성립** 삼상, 삼하, 왕상, 욥, 잠, 전, 시	5권 **선지자와 왕** 왕상, 왕하, 사, 호, 욘 욜, 렘, 대하, 겔	6권 **돌아온 하나님의 백성** 단, 스, 에, 느, 말
1단원 창조의 하나님	**1단원** 구출하시는 하나님	**1단원** 구원의 하나님	**1단원** 왕이신 하나님	**1단원** 계시하시는 하나님	**1단원** 보호하시는 하나님
1. 하나님이 세상을 창조하셨어요 2. 하나님이 사람을 창조하셨어요 3. 죄가 세상에 들어왔어요 4. 가인과 아벨이 제물을 드렸어요 5. 하나님이 노아와 가족을 구해 주셨어요 6. 바벨탑을 쌓던 사람들이 흩어졌어요	1. 모세를 부르셨어요 2. 이스라엘 백성은 재앙을 피했어요 3. 홍해를 건넜어요 4. 광야에서 시험을 치렀어요 5. 금송아지를 만들었어요	1. 약속의 땅을 정탐했어요 2. 놋뱀을 바라보았어요 3. 하나님이 여리고 성을 주셨어요 4. 죄 때문에 아이 성 전투에서 졌어요 5. 여호수아가 당부했어요	1. 이스라엘이 왕을 달라고 했어요 2. 하나님이 사울을 버리셨어요 3. 다윗이 골리앗과 맞섰어요 4. 다윗과 요나단이 친구가 되었어요 5. 하나님이 다윗과 언약을 맺으셨어요 6. 다윗이 하나님께 죄를 지었어요	1. 엘리야가 악한 아합을 꾸짖었어요 2. 엘리야가 이세벨을 피해 도망쳤어요 3. 하나님이 나아만을 고쳐 주셨어요 4. 하나님이 이사야를 부르셨어요 5. 이사야가 메시아에 대해 외쳤어요 6. 히스기야는 남 유다의 신실한 왕이었어요	1. 다니엘과 친구들이 하나님께 순종했어요 2. 사드락, 메삭, 아벳느고를 구하셨어요 3. 다니엘을 구하셨어요 4. 하나님의 백성을 고향으로 데려오셨어요 5. 성전을 다시 지었어요
2단원 언약을 맺으시는 하나님	**2단원** 거룩하신 하나님	**2단원** 다스리시는 하나님	**2단원** 지혜의 하나님	**2단원** 포기하지 않으시는 하나님	**2단원** 공급하시는 하나님
7. 하나님이 아브라함과 언약을 맺으셨어요 8. 하나님이 아브라함을 시험하셨어요 9. 하나님이 다시 약속하셨어요	6. 십계명 "하나님을 사랑하라" 7. 십계명 "이웃을 사랑하라" 8. 성막을 지었어요 9. 하나님이 제사의 규칙을 정해 주셨어요 10. 오직 하나님만 예배해요 11. 하나님의 언약을 기억해요	6. 사사들이 이스라엘 백성을 이끌었어요 7. 드보라와 바락이 노래했어요 8. 겁쟁이 기드온이 용사가 되었어요 9. 삼손에게 다시 힘을 주셨어요 10. 룻과 나오미를 보살펴 주셨어요 11. 하나님이 사무엘에게 말씀하셨어요	7. 솔로몬이 지혜를 구했어요 8. 지혜는 하나님께로부터 와요 9. 솔로몬이 성전을 지었어요 10. 이스라엘이 둘로 나뉘었어요	7. 하나님이 호세아를 통해 북 이스라엘에 사랑을 전하셨어요 8. 하나님이 요나를 통해 니느웨에 사랑을 전하셨어요 9. 하나님이 요엘을 통해 남 유다에 사랑을 전하셨어요	6. 에스더를 왕비로 세우셨어요 7. 에스더를 통해 하나님의 백성을 구하셨어요 8. 느헤미야가 예루살렘의 소식을 들었어요 9. 예루살렘 성벽을 다시 세웠어요 10. 에스라가 하나님의 율법을 읽었어요 11. 말라기가 하나님의 말씀을 전했어요
3단원 언약을 지키시는 하나님			**3단원** 주권자이신 하나님	**3단원** 새롭게 하시는 하나님	※ **절기 교재**
10. 야곱이 복을 가로챘어요 11. 하나님이 야곱에게 새 이름을 주셨어요 12. 요셉이 이집트로 팔려 갔어요 13. 요셉의 꿈이 이루어졌어요			11. 솔로몬이 산다는 것에 대해 생각했어요 12. 욥이 고난을 받았어요 13. 하나님을 찬양해요	10. 하나님이 예레미야를 부르셨어요 11. 예레미야가 새 언약에 대해 예언했어요 12. 남 유다 백성이 포로로 잡혀갔어요 13. 에스겔이 앞날의 소망을 이야기했어요	**성탄절** 1. 왕을 기다려요 2. 천사가 마리아와 요셉에게 나타났어요 3. 예수님이 태어나셨어요 4. 동방 박사들이 왕께 경배했어요 **부활절** 5. 예수님이 예루살렘에 들어가셨어요 6. 예수님이 부활하셨어요

1권	2권	3권	4권	5권	6권
위대한 복음	**비유와 기적**	**십자가와 부활**	**복음으로 세워진 교회**	**하나님의 편지**	**다시 오실 그리스도**
복음서	복음서	복음서, 행, 사	행	서신서	행, 서신서, 계
1단원 성자 하나님	**1단원** 비유로 말씀하신 예수님	**1단원** 순종하신 예수님	**1단원** 능력을 주시는 성령님	**1단원** 인도하시는 하나님	**1단원** 하나님의 계획
1. 아브라함부터 예수님까지 2. 마리아가 하나님을 찬양했어요 3. 예수님이 태어나셨어요 4. 예수님이 성전에 계셨어요 5. 예수님이 세례를 받으셨어요 6. 예수님이 시험을 이기셨어요	1. 씨 뿌리는 농부 비유 2. 용서할 줄 모르는 종 비유 3. 선한 사마리아인 비유 4. 3가지 비유 5. 바리새인과 세리 비유 6. 악한 농부 비유	1. 마리아가 예수님께 향유를 부었어요 2. 예수님이 성전을 깨끗하게 하셨어요 3. 예수님이 제자들과 마지막 만찬을 하셨어요 4. 예수님이 잡혀가셨어요	1. 약속하신 성령님이 오셨어요 2. 걷지 못하는 사람이 걷게 되었어요 3. 스데반이 예수님을 전했어요 4. 에티오피아 관리가 예수님을 믿었어요 5. 베드로와 고넬료가 만났어요	1. 바울이 베드로의 행동을 나무랐어요 2. 교회가 나뉘었어요 3. 교회 안에 차별이 생겼어요 4. 서로 사랑하라 5. 교회 지도자들에게 권면했어요	1. 사람들이 바울을 막으려 했어요 2. 바울이 통치자들 앞에 섰어요 3. 바울이 로마에 가게 되었어요 4. 바울이 감옥에서도 하나님을 찬양했어요 5. 바울이 예수님에 관해 일깨워 주었어요
2단원 우리와 함께 계시는 하나님	**2단원** 기적을 행하신 예수님	**2단원** 구원자 예수님	**2단원** 보내시는 하나님	**2단원** 변화시키시는 하나님	**2단원** 소망을 주시는 하나님
7. 니고데모가 예수님을 찾아왔어요 8. 세례 요한이 예수님에 관해 말했어요 9. 예수님이 사마리아 여인을 만나셨어요 10. 예수님이 고향에서 거절당하셨어요 11. 예수님이 삭개오를 만나셨어요	7. 예수님이 물로 포도주를 만드셨어요 8. 예수님이 하늘의 떡을 주셨어요 9. 예수님이 물 위를 걸으셨어요	5. 예수님이 십자가에서 죽으셨어요 6. 예수님이 부활하셨어요 7. 예수님이 엠마오로 가는 제자들을 만나셨어요	6. 바울이 회개하고 세례를 받았어요 7. 바울의 첫 번째 전도 여행 8. 오직 그리스도 9. 바울의 두 번째 전도 여행 10. 바울이 아테네에서 복음을 전했어요 11. 바울의 세 번째 전도 여행	6. 우리는 하나님의 자녀예요 7. 마음을 새롭게 해 변화를 받아요 8. 성령의 열매를 맺어요 9. 하나님의 전신 갑주를 입어요 10. 기쁘게 주어요 11. 믿음의 사람들	6. 바울이 빌레몬에게 편지를 보냈어요 7. 바울이 소망을 전했어요 8. 유다가 믿음을 지키라고 말했어요 9. 베드로가 주님의 날을 기다리라고 했어요
	3단원 고치시는 예수님	**3단원** 부활하신 왕, 예수님			**3단원** 만물을 새롭게 하시는 하나님
	10. 예수님이 중풍 병자를 고치셨어요 11. 예수님이 귀신 들린 사람을 고치셨어요 12. 예수님이 여인을 고치시고 소녀를 살리셨어요 13. 예수님이 나사로를 살리셨어요	8. 예수님이 제자들에게 나타나셨어요 9. 예수님이 도마에게 나타나셨어요 10. 예수님이 베드로에게 나타나셨어요 11. 예수님이 지상 명령을 주셨어요 12. 예수님이 승천하셨어요 13. 예수님을 보내신 하나님을 찬양해요			10. 요한이 환상을 보았어요 11. 일곱 교회를 향해 경고하셨어요 12. 어린양께 경배해요 13. 마라나타! 예수님, 어서 오세요!

※세부 내용은 사정에 따라 변경될 수 있습니다.

신약3 성경의 초점과 주제

1단원 **순종하신 예수님**

Q 그리스도인은 왜 성찬에 참여하나요?

A 예수님의 삶과 죽음을 기억하고, 예수님이 다시 오실 때까지 예수님을 선포하기 위해서예요.

1. 예수님은 마리아가 예수님의 장례를 위해 향유를 부은 것이라고 말씀하셨어요.
2. 예수님은 성전을 잘못 사용하는 사람들을 쫓아내셨어요.
3. 예수님이 제자들과 함께하신 마지막 유월절 만찬은 최초의 성찬이었어요.
4. 예수님이 배반당하고 잡혀가셨어요.

2단원 **구원자 예수님**

Q 예수님은 왜 십자가에서 죽으셨나요?

A 예수님은 우리를 죄에서 구하려고 십자가에서 죽으시고, 부활하셔서 우리가 용서받았다는 것을 보여 주셨어요.

5. 예수님이 우리 죄를 대신 지고 죽으셨어요.
6. 예수님이 죽은 자 가운데서 다시 살아나셨어요.
7. 예수님은 모든 성경이 자신을 가리킨다고 가르치셨어요.

3단원 **부활하신 왕, 예수님**

Q 그리스도인의 사명은 무엇인가요?

A 우리의 사명은 성령님의 능력으로 모든 민족을 제자로 삼는 거예요.

8. 제자들이 부활하신 예수님을 보았어요.
9. 예수님이 의심하는 도마에게 손과 옆구리를 보여 주셨어요.
10. 예수님이 베드로를 용서하시고 회복시키셨어요.
11. 예수님이 제자들에게 사명을 주시고, 함께하겠다고 약속하셨어요.
12. 승천하신 예수님은 다시 오실 거예요.
13. 우리를 죄에서 구하기 위해 십자가에서 죽으시고 부활하신 예수님께 감사해요.